Bansari Dave

Python para engenharia civil - noções básicas

AF304398

Bansari Dave

Python para engenharia civil - noções básicas

Passos fáceis para aprender Python

ScienciaScripts

Imprint

Any brand names and product names mentioned in this book are subject to trademark, brand or patent protection and are trademarks or registered trademarks of their respective holders. The use of brand names, product names, common names, trade names, product descriptions etc. even without a particular marking in this work is in no way to be construed to mean that such names may be regarded as unrestricted in respect of trademark and brand protection legislation and could thus be used by anyone.

Cover image: www.ingimage.com

This book is a translation from the original published under ISBN 978-620-7-45361-0.

Publisher:
Sciencia Scripts
is a trademark of
Dodo Books Indian Ocean Ltd. and OmniScriptum S.R.L publishing group

120 High Road, East Finchley, London, N2 9ED, United Kingdom
Str. Armeneasca 28/1, office 1, Chisinau MD-2012, Republic of Moldova, Europe
Printed at: see last page
ISBN: 978-620-8-03837-3

Conteúdo

Capítulo 1

Introdução à programação Python

Python é uma linguagem de programação flexível e popular, conhecida pela sua facilidade de leitura e simplicidade. Python, que foi desenvolvida por Guido van Rossum e disponibilizada originalmente em 1991, tornou-se incrivelmente popular entre programadores, investigadores, analistas de dados e programadores Web. Oferece uma combinação fantástica entre simplicidade de utilização e funcionalidade potente, tornando-a adequada tanto para programadores inexperientes como para programadores experientes.

Python é uma linguagem interpretada, pelo que pode ser utilizada sem ser previamente compilada. Esta funcionalidade permite um ciclo de desenvolvimento mais curto e uma prototipagem rápida. Além disso, suporta uma variedade de paradigmas de programação, como a programação processual, orientada para objectos e funcional.

O vasto ecossistema de bibliotecas e estruturas do Python permite que os programadores realizem facilmente uma variedade de tarefas sem terem de começar do zero. Estas bibliotecas abrangem uma vasta gama de tópicos, incluindo aprendizagem automática (TensorFlow, scikit-learn), análise de dados (NumPy, Pandas), computação científica (SciPy) e desenvolvimento Web (Django, Flask). Esta é a razão pela qual Python é útil para a Engenharia Civil.

Aqui está um exemplo básico para ilustrar a sintaxe do Python:

pitão

Copiar código

```
#    Este é um comentário em Python
#    Impressão "Olá, mundo!"
print("Hello, World!")
#    Definição de uma função
def greet(name):
print("Olá, " + nome + "!")
#    Chamada da função
saudar("Alice")
```

A Python dá prioridade à legibilidade, exigindo indentação em vez de chavetas ou palavras-chave para identificar partes de código. Este método baseado na indentação promove a facilidade de manutenção ao mesmo tempo que melhora a atratividade estética do código.

Python é a linguagem perfeita para os principiantes que estão a aprender a programar, devido à sua facilidade de utilização e sintaxe simples. Oferece um ponto de partida ideal para compreender as ideias básicas de programação e avançar progressivamente para desafios mais difíceis.

Python é uma ferramenta eficaz para uma variedade de aplicações, independentemente do seu interesse em desenvolvimento Web, análise de dados, computação científica ou inteligência artificial.

Visão geral do Python e das suas vantagens na engenharia civil

Python é uma linguagem de programação forte e adaptável que tem muitas vantagens para aplicações em engenharia civil. Apresenta-se de seguida uma panorâmica da linguagem Python e das suas vantagens para a engenharia civil:

Legibilidade e Simplicidade: O Python coloca uma forte ênfase na legibilidade do código graças à sua sintaxe simples e clara. Isto faz com que seja mais simples para os engenheiros civis, mesmo aqueles sem experiência prévia em programação, escrever e compreender o código.

Comunidade vasta e ativa: Python tem uma comunidade de programadores considerável e ativa, que inclui profissionais da área da engenharia civil. Isto significa que os engenheiros civis podem utilizar uma vasta gama de ferramentas, bibliotecas e estruturas nos seus projectos. Para além disso, a comunidade oferece assistência e documentação Python excepcionais, o que facilita a resolução de problemas e a aquisição de novas competências.

Versatilidade: A versatilidade do Python torna-o adequado para uma variedade de actividades de engenharia civil, tais como análise de dados, cálculos numéricos, modelação, simulação e automação. Oferece uma forte coleção de bibliotecas que são amplamente utilizadas em computação científica e análise de dados, incluindo NumPy, SciPy, Pandas e Matplotlib.

Integração com outros softwares: O Python pode interagir facilmente com outros programas utilizados na engenharia civil, incluindo programas CAD (Computer-Aided Design), ferramentas GIS (Geographic Information System) e programas de análise de elementos finitos. Para otimizar os seus processos de trabalho, os engenheiros podem utilizá-lo para automatizar actividades repetitivas, extrair dados de várias fontes e conceber fluxos de trabalho únicos.

Ecossistema de código aberto: Python é uma linguagem que está disponível para utilização e distribuição gratuitas. A natureza de código aberto do Python promove a cooperação e a partilha entre os membros da comunidade de engenharia civil. Os engenheiros podem aceder e participar numa variedade de projectos de código aberto, beneficiando do conhecimento e trabalho combinados da comunidade.

Prototipagem rápida e Iteração: Python é perfeito para prototipagem rápida e desenvolvimento iterativo devido à sua versatilidade e usabilidade. Para chegar mais rapidamente às melhores soluções, os engenheiros civis podem testar e melhorar as suas teorias, algoritmos e modelos.

Análise e visualização de dados: Pandas, NumPy e Matplotlib são apenas alguns dos inúmeros pacotes de análise e visualização de dados para Python que oferecem fortes capacidades de processamento e compreensão de dados. Para ajudar na tomada de decisões, os engenheiros civis podem analisar enormes bases de dados, produzir relatórios e representações visuais dos seus resultados.

Análise e automatização de dados: Python fornece uma grande seleção de estruturas (como Django e Flask) e bibliotecas para desenvolvimento web. Ao utilizar estas ferramentas, os engenheiros civis podem criar aplicações interactivas em linha, painéis de dados e scripts de automatização que melhoram a gestão de projectos, o trabalho em equipa e a produtividade.

Aprendizagem automática e IA: O Python surgiu como a linguagem de eleição para muitas aplicações que envolvem a aprendizagem automática e a inteligência artificial. Para uma variedade de trabalhos de engenharia civil, os engenheiros civis podem criar modelos preditivos, algoritmos de classificação e ferramentas de otimização utilizando as estruturas de aprendizagem automática do Python, como o TensorFlow e o Scikit-learn.

Em geral, o Python é uma ferramenta útil para os engenheiros civis graças à sua simplicidade, adaptabilidade, grande biblioteca e comunidade acolhedora. Dá-lhes a capacidade de aumentar a produtividade, resolver quebra-cabeças de engenharia difíceis e abrir novas possibilidades de projectos.

Configurar o ambiente Python e instalar as bibliotecas necessárias

Pode seguir estes passos gerais para configurar um ambiente Python e instalar as bibliotecas relevantes:

Colocar o Python A versão mais recente do Python pode ser descarregada e instalada a partir do site oficial (https://www.python.org). Tenha o cuidado de selecionar a versão correta (tal como Python 3.x) para o seu sistema operativo.

Verifique a instalação do Python: Execute o seguinte comando para ver se o Python está corretamente instalado e disponível a partir da linha de comandos: Abra uma linha de comandos ou um terminal.

css

Copiar código

python --versão

(Opcional) Crie um ambiente virtual: Os ambientes virtuais fornecem ambientes Python isolados para diferentes projectos. Ajuda a gerir dependências e evita conflitos. Para criar um ambiente virtual, execute o seguinte comando:

Copiar código

python -m venv myenv

Substitua myenv pelo nome que pretende dar ao seu ambiente virtual.

Inicie o ambiente virtual: Utilize o comando relevante para o seu sistema operativo para ativar o ambiente virtual:

No Windows:

Copiar código

myenv\Scripts\activate

No macOS/Linux:

bash

Copiar código

fonte myenv/bin/activate

Instalar bibliotecas usando pip: pip é o instalador de pacotes padrão para Python. Você pode usá-lo para instalar as bibliotecas necessárias. Por exemplo, para instalar a biblioteca numpy, execute o seguinte comando:

Copiar código pip install numpy Repita este passo para cada biblioteca de que necessita, substituindo numpy pelo nome real da biblioteca.

(Opcional) Instalar bibliotecas de um arquivo de requisitos: Se tiver um ficheiro requirements.txt que liste todas as bibliotecas necessárias e as respectivas versões, pode instalá-las todas de uma só vez. Execute o seguinte comando:

Copiar código

pip install -r requirements.txt

Certifique-se de que navega para o diretório que contém o ficheiro requirements.txt ou forneça o caminho completo para o ficheiro.

Feito agora! Instalou as bibliotecas necessárias e configurou o seu ambiente Python. Agora você pode começar a escrever seu código Python e adicionar bibliotecas importadas conforme necessário. Quando você terminar de trabalhar no seu projeto, não se esqueça de desativar o ambiente virtual digitando deactivate no prompt de comando ou terminal.

Sintaxe básica e tipos de dados em Python

Python é uma linguagem de programação flexível e acessível com uma vasta gama de tipos de dados e sintaxe para lidar com várias tarefas. Segue-se um resumo da sintaxe de Python e dos tipos de dados frequentemente utilizados:

Variáveis e atribuições:

As variáveis são utilizadas para armazenar valores ou referências a objectos.

Atribuir valores utilizando o operador de atribuição "=".

pitão

Copiar código

```
# Exemplo:
x = 10
nome = "João"
```

Tipos de dados:

Inteiro: números inteiros sem casas decimais.

Float: números com casas decimais.

String: sequência de caracteres entre aspas simples (' ') ou duplas (" ").

Booleano: representa Verdadeiro ou Falso.

Lista: coleção ordenada de itens, mutável.

Tuple: coleção ordenada de itens, imutável.

Dicionário: coleção não ordenada de pares chave-valor.

Conjunto: coleção não ordenada de elementos únicos.

pitão

Copiar código

```
# Exemplos:
idade = 25 # Inteiro
pi = 3.14 # Flutuante
name = "John Doe" # Cadeia de caracteres
is_student = True # Booleano my_list = [1, 2, 3] # Lista
minha_tupla = ("maçã", "banana", "cereja") # Tupla minha_dit = {"nome": "João", "idade": 25} # Dicionário meu_conjunto = {1, 2, 3, 4} # Conjunto
```

Operações básicas:

Operadores aritméticos: +, -, *, /, % (módulo), ** (exponenciação).

Operadores de comparação: ==, !=, <, >, <=, >=.

Operadores lógicos: e, ou, não.

pitão

Copiar código

```
# Exemplos:
x = 10
y = 5 soma = x + y # Adição
diferença = x - y # Subtração produto = x * y # Multiplicação quociente = x / y #
```

Divisão módulo = x % y # Módulo

is_equal = x == y # Igual a is_greater = x > y # Maior que

logical_and = (x > 0) and (y < 10) # Logical AND logical_or = (x > 0) or (y < 10) #

Logical OR logical_not = not(x > 0) # Logical NOT

Fluxo de controlo:

Declarações condicionais: if, elif (else if), else.

Laços: laço for, laço while.

pitão

Copiar código

Exemplo (declaração if):

x = 10

se x > 0: print("Positivo")

elif x < 0:

print("Negativo")

senão:

print("Zero")

Exemplo (ciclo para):

frutos = ["maçã", "banana", "cereja"]

for fruit in fruits: print(fruit)

Exemplo (ciclo while): i = 0

enquanto i < 5:

print(i) i += 1

Funções:

As funções são blocos de código reutilizáveis.

Definido com a palavra-chave "def".

pitão

Copiar código

Exemplo: def greet(name): print("Hello, " + name + "!")

greet("João") # Saída: Olá, João!

Estes são alguns dos tipos básicos de sintaxe e de dados em Python. Python fornece muitas outras funcionalidades avançadas e bibliotecas para diferentes objectivos.

Estruturas de controlo (loops e condicionais)

Os componentes de programação designados por estruturas de controlo permitem-lhe repetir uma determinada parte do código ou regular a forma como uma aplicação é executada com base em determinadas condições. Os dois tipos mais comuns de estruturas de controlo são as condicionais e os loops.

- Loops: Os loops são utilizados para executar repetidamente um bloco de código até que uma determinada condição seja satisfeita. Existem geralmente três tipos de loops:

a. Laço for: O loop for é utilizado quando se sabe antecipadamente o número de iterações. Ele consiste em uma inicialização, uma condição e uma instrução de incremento ou decremento.

pythonCódigo de cópia

```
para inicialização; condição; incremento/decremento: # Código
```

```
a ser executado
```

b. Laço While: O laço while é usado quando o número de iterações é desconhecido, mas uma condição precisa de ser verificada antes de cada iteração.

pythonCopy code `while condition: # Código a ser executado`

c. Laço do-While: O loop do-while é semelhante ao loop while, mas a condição é verificada após a execução do corpo do loop. Ele garante que o loop seja executado pelo menos uma vez.

pythonCódigo de cópia

```
do: # Código a ser executado while condição
```

- Condicionais: As condicionais permitem executar acções diferentes com base em condições específicas. As declarações condicionais mais comuns são: a. Declaração If: A instrução if é utilizada para executar um bloco de código se uma condição for verdadeira. pythonCopy code

```
if condição: # Código a ser executado se a condição for
verdadeira
```

b. Declaração if-else: A instrução if-else é utilizada para executar um bloco de código se a condição for verdadeira e outro bloco de código se a condição for falsa. pythonCopy code `if condition: # Código a ser executado se a condição for verdadeira else: # Código a ser executado se a condição for falsa`

c. Declaração if-elif-else: A instrução if-elif-else permite-lhe verificar várias condições e executar diferentes blocos de código com base na primeira condição avaliada como verdadeira.

Funções e módulos em Python

As ideias fundamentais em Python que o ajudam a estruturar e reutilizar código de forma eficiente são os módulos e as funções. Em seguida, é apresentada uma visão geral dos módulos e funções Python:

Funções:

Uma função é um pedaço de código reutilizável que executa uma tarefa específica. Aceita argumentos de entrada opcionais e, opcionalmente, devolve um resultado. A palavra-chave def é utilizada para definir funções. É seguida pelo nome da função, parênteses para quaisquer parâmetros de entrada opcionais e dois pontos para iniciar o bloco de funções. Aqui está uma ilustração de uma função simples para adicionar dois números:

pitão

Copiar código

```
def add_numbers(a, b): return a + b
```

Para chamar esta função e obter o resultado, deve fazer o seguinte

pitão

Copiar código

```
resultado = add_numbers(3, 4)
print(result) # Saída: 7
```

Módulos:

Um módulo Python é um ficheiro que pode ser importado e utilizado por outros programas Python. Contém definições, instruções e funções em Python. Um módulo torna simples a reutilização de código relacionado noutros programas, permitindo-lhe agrupar esse código num único ficheiro. Python oferece uma grande seleção de módulos pré-construídos, para além da opção de criar os seus próprios módulos.

É necessário importar um módulo utilizando a linha de importação para o poder utilizar no seu código. O módulo math, por exemplo, oferece constantes e funções matemáticas. A função sqrt do módulo math é utilizada da seguinte forma: python Copy code import math result = math.sqrt(16) print(result) # Output: 4.0

Também é possível importar funções ou constantes específicas de um módulo utilizando a palavra-chave from. Por exemplo:

pitão

Copiar código

from math import sqrt

resultado = sqrt(16)

print(result) # Saída: 4.0

Além disso, ao gerar um ficheiro Python com uma extensão.py, pode desenvolver os seus próprios módulos. Pode definir funções, classes ou variáveis no ficheiro de módulo. Estas definições podem depois ser importadas e utilizadas noutros scripts Python.

Estas são as ideias fundamentais por detrás das funções e módulos Python. São cruciais para criar código modular e reutilizável, o que lhe permite combinar e organizar componentes mais pequenos e reutilizáveis para criar aplicações sofisticadas.

## Capítulo 2

Tratamento e visualização de dados em python

O Python é frequentemente utilizado para realizar as actividades cruciais de análise de dados de gestão e visualização de dados. Python fornece uma variedade de bibliotecas e ferramentas que simplificam o trabalho com dados e a produção de visualizações. Nesta resposta, darei uma visão geral de duas bibliotecas bem conhecidas: Matplotlib para visualização de dados e NumPy e Pandas para gestão de dados.

NumPy: Uma potente biblioteca Python para computação numérica, NumPy (Numerical Python) está disponível. Oferece assistência para operações matemáticas efectivas e operações de matriz. Seguem-se algumas caraterísticas importantes:

Construir arrays Utilizando a função numpy.array() ou numpy.asarray() para transformar listas pré-existentes, pode construir arrays NumPy.

Manipulação de matrizes: O NumPy oferece funções para remodelar, cortar e concatenar matrizes, permitindo uma manipulação de dados eficiente.

Operações matemáticas: O NumPy fornece um vasto leque de funções matemáticas que podem ser aplicadas a arrays de forma elementar, tais como numpy.mean(), numpy.sum(), numpy.max(), etc.

Difusão: O NumPy permite operações entre matrizes de diferentes formas através da difusão, o que simplifica o cálculo e evita a cópia desnecessária de dados.

Pandas:

O Pandas é uma biblioteca construída sobre o NumPy que fornece ferramentas de manipulação e análise de dados de alto desempenho. Introduz duas estruturas de dados principais: Series e DataFrame. As principais caraterísticas incluem:

Série: Uma matriz rotulada unidimensional que pode conter dados de qualquer tipo. É semelhante a uma coluna numa folha de cálculo ou a um dicionário em Python. As séries fornecem capacidades poderosas de indexação e alinhamento.

DataFrame: Uma estrutura de dados bidimensional rotulada que é semelhante a uma tabela ou a uma folha de cálculo. É constituída por várias colunas, cada uma das quais pode ter um tipo de dados diferente.

Limpeza e manipulação de dados: O Pandas oferece funções para limpeza e pré-processamento de dados, tratamento de valores em falta, fusão e junção de conjuntos de dados, filtragem e ordenação de dados e muito mais.

Entrada/saída de dados: O Pandas fornece utilitários para ler e escrever dados a partir de vários formatos de ficheiros, como CSV, Excel, bases de dados SQL, entre outros.

Agregação e agrupamento de dados: O Pandas permite agrupar dados com base cm critérios específicos e efetuar agregações como a soma, a média, a contagem, etc.

Matplotlib:

Matplotlib é uma biblioteca de plotagem amplamente utilizada em Python que permite a criação de uma vasta gama de visualizações estáticas, animadas e interactivas. Algumas caraterísticas chave incluem:

Gráficos de linhas: O Matplotlib permite-lhe criar gráficos de linhas com marcadores, cores e estilos personalizáveis.

Gráficos de dispersão: É possível criar gráficos de dispersão para visualizar a relação entre duas variáveis.

Gráficos de barras: O Matplotlib fornece gráficos de barras para comparar diferentes categorias ou grupos.

Histogramas: É possível criar histogramas para visualizar a distribuição de um conjunto de dados.

Gráficos de caixa: O Matplotlib permite a criação de gráficos de caixa para apresentar a distribuição dos dados e identificar valores anómalos.

Personalização: O Matplotlib fornece opções de personalização extensivas para controlar aspectos como títulos, etiquetas, legendas, eixos, mapas de cores e muito mais.

Subplots: Pode criar vários gráficos numa única figura utilizando a funcionalidade de subplotagem do Matplotlib.

Para processamento e visualização de dados, o Python também oferece várias bibliotecas e ferramentas diferentes, incluindo Seaborn, Plotly e pandas-plotting. Pode consultar as bibliotecas e selecionar as que melhor satisfazem as suas necessidades com base nos seus requisitos e gostos individuais.

Trabalhar com dados numéricos utilizando NumPy e Pandas

Duas bibliotecas Python bem conhecidas para trabalhar com dados numéricos são o NumPy e o Pandas. Enquanto o Pandas oferece ferramentas sofisticadas de manipulação e análise de dados, o NumPy suporta operações numéricas rápidas. Segue-se uma descrição geral de como utilizar estas bibliotecas para trabalhar com dados numéricos:

Importar as bibliotecas:

pitão

Copiar código

```
importar numpy as np
importar pandas como pd
```

Criar matrizes NumPy:

pitão

Copiar código

```
#   Criar uma matriz NumPy a partir de uma lista
arr = np.array([1,2, 3, 4, 5])
#   Criar uma matriz NumPy com um intervalo especificado
arr = np.arange(1, 6) # [1, 2, 3, 4, 5]
#   Criar uma matriz NumPy de zeros
zeros_arr = np.zeros(5) # [0., 0., 0., 0., 0., 0.]
#   Criar uma matriz NumPy de ones ones_arr = np.ones(5) # [1., 1., 1., 1., 1., 1.]
```

Efetuar operações em matrizes NumPy:

pitão

Copiar código

```
#   Operações aritméticas
a = np.array([1, 2, 3])
b = np.array([4, 5, 6])
soma_arr = a + b # [5, 7, 9]
```

diff_arr = b - a # [3, 3, 3] prod_arr = a * b # [4, 10, 18] div_arr = b / a # [4., 2.5, 2.]
#   Operações estatísticas arr = np.array([1,2, 3, 4, 5])
média = np.mean(arr) # 3.0
mediana = np.median(arr) # 3.0
std_dev = np.std(arr) # 1.4142135623730951
Criando Pandas DataFrames:
pitão
Copiar código
Criar um DataFrame a partir de uma matriz NumPy data = np.array([[1, 2, 3], [4, 5, 6], [7, 8, 9]]) df = pd.DataFrame(data, columns=['A', 'B', 'C'])
Criar um DataFrame a partir de um dicionário data = {'A': [1,4, 7], 'B': [2, 5, 8], 'C': [3, 6, 9]} df = pd.DataFrame(data)
Aceder a dados em Pandas DataFrames:
pitão
Copiar código
#   Aceder a colunas
coluna_A = df['A']
coluna_B = df.B
#   Acesso a linhas
linha_0 = df.loc[0] # Aceder à linha por etiqueta linha_1 = df.iloc[1] # Aceder à linha por índice
#   Aceder a células específicas
valor_da_célula = df.at[0, 'A'] # Valor de acesso na linha 0, coluna 'A'
Realização de operações em Pandas DataFrames:
pitão
Copiar código
Operações matemáticas sobre colunas
df['D'] = df['A'] + df['B']
#   Operações estatísticas
média = df['C'].mean()
mediana = df['C'].mediana()
std_dev = df['C'].std()
#   Filtragem de linhas com base em condições
filtered_df = df[df['A'] > 2] # Filtra as linhas em que "A" é superior a 2
Estas são apenas algumas ilustrações simples de como o NumPy e o Pandas podem ser utilizados para manipular dados numéricos. Ambas as bibliotecas são recursos eficazes para a análise de dados em Python, uma vez que fornecem uma vasta gama de funcionalidades para o processamento, agregação, filtragem e visualização de dados.

Técnicas de limpeza e pré-processamento de dados

A preparação e limpeza de dados são processos essenciais nos trabalhos de aprendizagem automática e análise de dados. Implicam a conversão de dados brutos não estruturados num formato arrumado, organizado e estruturado, adequado para análises adicionais. Eis alguns métodos típicos de pré-processamento e limpeza de dados:

Tratamento de valores em falta: Os dados em falta são um problema comum nos conjuntos de dados. As técnicas para tratar os valores em falta incluem:

Eliminar linhas ou colunas com valores em falta: Se os valores em falta forem limitados e não afectarem significativamente a análise, a sua remoção pode ser uma opção simples.

Imputação de valores em falta: Preencher os valores em falta utilizando várias técnicas, como a média, a mediana, a moda, ou utilizando métodos mais avançados como a imputação por regressão ou a imputação múltipla.

Tratamento de valores anómalos: Os valores anómalos são valores extremos que se desviam significativamente do resto dos dados. Podem afetar a análise e o desempenho do modelo. As técnicas para lidar com outliers incluem:

Eliminar os valores anómalos: Se os valores atípicos se deverem a erros de introdução de dados ou a erros de medição, poderá ser adequado eliminá-los.

Limitar ou limitar os valores anómalos: A atribuição de um valor máximo ou mínimo aos valores atípicos pode ser efectuada se estes forem valores genuínos mas extremos.

Transformar os valores atípicos: Transformar os dados utilizando técnicas como a transformação logarítmica ou a Winsorização pode torná-los mais normalmente distribuídos e reduzir o impacto dos valores atípicos.

Normalização de dados: A normalização dos dados leva-os para uma escala padrão, o que ajuda a comparar variáveis com unidades e intervalos diferentes. As técnicas de normalização comuns incluem:

Escalonamento mínimo-máximo: Redimensionamento dos dados para um intervalo fixo, normalmente entre 0 e 1, subtraindo o valor mínimo e dividindo pelo intervalo.

Normalização de pontuação Z: Transformar os dados para que tenham uma média de 0 e um desvio padrão de 1, subtraindo a média e dividindo pelo desvio padrão.

Tratamento de variáveis categóricas: As variáveis categóricas, como o género ou a cor, precisam de ser codificadas em formato numérico para análise. As técnicas incluem:

Codificação de uma só vez: Criação de colunas binárias para cada categoria, em que 1 representa a presença da categoria e 0 representa a ausência.

Codificação de etiquetas: Atribuição de uma etiqueta numérica única a cada categoria. É adequada para variáveis ordinais em que a ordem é importante.

Codificação do objetivo: Substituir cada categoria pela média ou mediana da variável-alvo. É útil para tarefas de classificação, mas pode levar à fuga de dados.

Escalonamento de caraterísticas: O escalonamento de caraterísticas numéricas pode ajudar os algoritmos a convergir mais rapidamente e evitar que as caraterísticas com valores grandes dominem. As técnicas incluem:

Padronização: Transformar os dados para que tenham média zero e variância unitária, subtraindo a média e dividindo pelo desvio padrão.

Normalização: Escalonamento dos dados para um intervalo específico, como 0 a 1, subtraindo o mínimo e dividindo pelo intervalo.

Tratamento de dados duplicados: Os dados duplicados podem distorcer a análise e conduzir a resultados enviesados. As técnicas para tratar os dados duplicados incluem:

Remoção de duplicados: Identificar e remover linhas que são duplicatas exactas umas das outras.

Eliminação de colunas duplicadas: Remoção de colunas com os mesmos valores em todo o conjunto de dados.

Tratamento de dados inconsistentes: Os dados inconsistentes podem surgir devido a vários factores, como diferentes fontes de dados ou erros humanos. As técnicas para tratar dados inconsistentes incluem:

Normalização de formatos de dados: Garantir uma formatação consistente para datas, endereços ou outros tipos de dados específicos.

Correção de erros de dados: Identificação e correção de erros manualmente ou utilizando técnicas automatizadas como a correspondência difusa ou expressões regulares.

Estes são alguns dos métodos utilizados frequentemente para o pré-processamento e limpeza de dados. Os métodos específicos utilizados são determinados pelas caraterísticas do conjunto de dados e pelos objectivos de análise ou modelação da tarefa.

Traçar e analisar dados de engenharia civil (por exemplo, cargas estruturais, levantamento

dados)

Pode utilizar uma variedade de ferramentas e técnicas para traçar e analisar dados de engenharia civil, tais como cargas estruturais e dados de levantamento. Aqui está um manual de instruções para o guiar através do procedimento:

Recolha de dados: Recolher a informação pertinente para a sua análise. Isto pode implicar a realização de inquéritos, a aquisição de informações de carga a partir de sensores estruturais ou a compilação de dados de investigações ou relatórios anteriores.

Pré-processamento de dados: Antes de traçar e analisar os dados, é importante pré-processá-los e limpá-los. Este passo envolve a remoção de quaisquer valores anómalos, o tratamento de valores em falta e a garantia de que os dados estão num formato adequado para análise.

Escolha as ferramentas de visualização: Escolha as ferramentas certas para o ajudar a ver os seus dados. Excel, MATLAB, bibliotecas Python (como Matplotlib e Seaborn) e software especializado de engenharia civil como AutoCAD ou ferramentas GIS (Sistema de Informação Geográfica) são algumas das soluções de software disponíveis.

Plotagem de dados:

Cargas estruturais: As cargas estruturais podem ser visualizadas através de gráficos de linhas, gráficos de barras ou histogramas que mostram a distribuição e a quantidade das cargas. Além disso, os vectores de carga e as rotas de carga podem ser representados utilizando ferramentas de visualização 3D.

Dados do inquérito: Dependendo do tipo de dados, os resultados do levantamento podem ser representados através de uma variedade de métodos, incluindo gráficos de dispersão, gráficos de contorno ou mapas baseados em GIS. Estes gráficos podem ser utilizados para mostrar planos de construção, elevação do terreno e outras informações de levantamento.

Técnicas analíticas

Cargas estruturais: Efetuar uma análise estatística descritiva dos dados de carga, calculando a média, o desvio padrão e o intervalo. Se necessário, é possível analisar adicionalmente factores de carga, avaliar combinações de carga ou fazer uma análise de fadiga.

Dados de inquéritos: Utilizar métodos estatísticos como a análise de regressão ou a interpolação para analisar os dados do inquérito, a fim de estabelecer associações significativas ou extrapolar valores em locais não medidos. A análise espacial pode ser auxiliada por ferramentas GIS, que podem ser utilizadas para calcular distâncias, áreas ou para fazer sobreposições com outros dados geoespaciais.

Interpretação e elaboração de relatórios: Trace os dados, avalie-os e, em seguida, interprete as conclusões à luz do seu projeto de engenharia civil. Encontre padrões, anomalias ou problemas que possam afetar o processo de conceção ou de tomada de decisões. Crie relatórios, gráficos ou apresentações gráficas para transmitir as suas conclusões de uma forma eficaz.

Lembre-se, dependendo do tipo de dados que possui e dos objectivos do seu estudo, pode utilizar diferentes técnicas e ferramentas. Para fazer escolhas sensatas e garantir resultados corretos, é fundamental manter-se a par do software e das técnicas de análise de dados mais recentes.

Visualização de dados com Matplotlib e Seaborn

Para a visualização de dados em Python, duas bibliotecas muito apreciadas são a Matplotlib e a Seaborn. Enquanto a Seaborn tem uma interface mais avançada e estilos predefinidos visualmente apelativos, a Matplotlib oferece uma vasta seleção de gráficos configuráveis. Segue-se uma descrição geral de como utilizar estas bibliotecas para a visualização de dados:

Instalação de bibliotecas: Antes de começar, certifique-se de que tem o Matplotlib e o Seaborn instalados. Você pode usar o seguinte comando pip para instalá-las:

Copiar código

pip install matplotlib seaborn

Importar bibliotecas: No seu script Python ou Jupyter Notebook, importe as bibliotecas necessárias: python

Copiar código

importar matplotlib.pyplot as plt

importar seaborn as sns

Carregando dados: Carregue seus dados em uma estrutura de dados adequada, como um DataFrame do Pandas. Por exemplo, vamos supor que você tenha um DataFrame chamado df contendo os dados que deseja visualizar.

Gráficos básicos com Matplotlib: O Matplotlib fornece uma variedade de tipos de gráficos, incluindo gráficos de linhas, gráficos de dispersão, gráficos de barras, histogramas e muito mais. Aqui está um exemplo de criação de um gráfico de linhas usando Matplotlib:

pitão

Copiar código

plt.plot(df[x"], df['y']) plt.xlabel('Rótulo do eixo X') plt.ylabel('Rótulo do eixo Y') plt.title('Título do gráfico') plt.show()

Estilo Seaborn: O Seaborn vem com estilos padrão atraentes e paletas de cores.

Você pode definir o estilo usando sns.set_style(). Por exemplo, para usar o estilo 'whitegrid':

pitão

Copiar código

sns.set_style('whitegrid')

Visualização de dados com Seaborn: O Seaborn fornece funções de alto nível que simplificam a criação de visualizações complexas. Aqui estão alguns exemplos:

Gráfico de dispersão: python

Copiar código sns.scatterplot(data=df, x='x', y='y') plt.show()

Gráfico de barras: código de cópia python sns.barplot(data=df, x='category', y='value') plt.show()

Histograma: python

Copiar código

sns.histplot(data=df, x='values', bins=10) plt.show()

Personalização de gráficos: As etiquetas dos eixos, as legendas, os títulos, as cores e outros elementos podem ser alterados tanto no Matplotlib como no Seaborn. Para mais pormenores sobre as possibilidades de personalização, consulte a documentação oficial.

Estas são apenas algumas ilustrações de técnicas de visualização de dados utilizando Matplotlib e Seaborn. Sinta-se à vontade para experimentar e desenvolver visualizações esteticamente agradáveis e educativas em função das suas necessidades específicas, uma vez que estas oferecem muitas mais opções e estilos de gráficos para explorar.

Traçar e analisar dados de engenharia civil (por exemplo, cargas estruturais, dados de inquéritos)

Para traçar e analisar dados de engenharia civil, tais como cargas estruturais e dados de levantamentos, pode utilizar várias ferramentas e técnicas. Segue-se um guia passo-a-passo para o ajudar no processo:

Recolha de dados: Recolher os dados relevantes para a sua análise. Isto pode envolver a realização de inquéritos, a obtenção de dados de carga de sensores estruturais ou a recolha de informações de estudos ou relatórios anteriores.

Pré-processamento de dados: Antes de traçar e analisar os dados, é importante pré-processá-los e limpá-los. Este passo envolve a remoção de quaisquer valores anómalos, o tratamento de valores em falta e a garantia de que os dados estão num formato adequado para análise.

Escolher ferramentas de visualização: Decida quais as ferramentas que melhor o ajudarão a visualizar os seus dados. Excel, MATLAB, bibliotecas Python (como Matplotlib e Seaborn) e software especializado em engenharia civil, como AutoCAD ou ferramentas GIS (Sistema de Informação Geográfica), são algumas das soluções de software disponíveis.

Plotagem de dados:

Cargas estruturais: Para mostrar visualmente a quantidade e a distribuição das cargas estruturais, é possível criar gráficos de linhas, gráficos de barras ou histogramas. Além disso, os vectores de carga e as rotas de carga podem ser representados utilizando ferramentas de visualização 3D.

Dados do inquérito: Dependendo do tipo de dados, os dados do levantamento podem ser representados através de uma variedade de métodos, incluindo gráficos de dispersão, gráficos de contorno ou mapas baseados em SIG. Estes gráficos podem ser utilizados para visualizar planos de construção, elevação do terreno e outras informações de levantamento.

Métodos de análise

Para extrair associações significativas ou extrapolar valores em locais não medidos, analise os dados do inquérito utilizando técnicas estatísticas como a análise de regressão ou a interpolação. A análise espacial pode ser auxiliada por ferramentas GIS, que podem ser utilizadas para calcular distâncias, áreas ou para fazer sobreposições com outros dados geoespaciais...

Relatório e interpretação: Depois de traçar e analisar os dados, interprete as conclusões à luz do seu projeto de engenharia civil. Encontre padrões, anomalias ou problemas que possam afetar a conceção ou o processo de tomada de decisões. Crie relatórios, gráficos ou apresentações gráficas para transmitir as suas conclusões de uma forma eficaz.

Tenha em conta que, dependendo da natureza dos seus dados e dos objectivos da sua investigação, as técnicas e ferramentas exactas que utiliza podem mudar. Para fazer juízos fundamentados e fornecer resultados fiáveis, é crucial manter-se atualizado com as ferramentas e técnicas mais recentes na análise de dados de engenharia civil.

## Capítulo 3

Análise e projeto estrutural

Python é uma linguagem de programação flexível que pode ser utilizada para uma variedade de tarefas, incluindo a conceção e análise de elementos estruturais. Embora Python não tenha sido especificamente concebida como uma ferramenta para a engenharia estrutural, oferece bibliotecas e quadros que podem ser utilizados para cálculos relacionados com a análise e o projeto estruturais. De seguida, apresentam-se algumas bibliotecas e pacotes Python populares para análise e projeto de estruturas:

NumPy: O NumPy é um pacote fundamental para a computação científica em Python. Fornece operações numéricas poderosas e capacidades de manipulação de matrizes que são úteis na análise estrutural e nos cálculos de projeto.

SciPyAcima do NumPy, o SciPy é uma biblioteca de código aberto. Para a análise e conceção de estruturas, oferece uma vasta gama de procedimentos científicos e de engenharia, tais como otimização, interpolação, integração e funções de álgebra linear.

matplotlib: A matplotlib do Python é uma biblioteca de plotagem muito apreciada. Os resultados de análises estruturais, como a distribuição de tensões, o deslocamento e as formas próprias, podem ser visualizados e representados através deste método.

PyDSTool: PyDSTool é uma biblioteca Python para modelação e análise de sistemas dinâmicos. Pode ser utilizada para examinar a forma como as estruturas com comportamento dinâmico respondem a diferentes cargas e excitações.

FEniCS: Um pacote Python robusto e adaptável de análise de elementos finitos (FEA) é chamado FEniCS. Para análise e projeto estrutural, oferece uma interface de alto nível para resolver equações diferenciais parciais.

OpenSeesPy: Um programa de elementos finitos de código aberto para simulações de engenharia estrutural e sísmica, o OpenSeesPy é uma biblioteca Python que oferece uma interface Python. Pode utilizar programas Python para definir e resolver problemas complexos de análise estrutural.

PyNite: PyNite é um pacote Python para análise estrutural. Oferece ferramentas para analisar estruturas de pórticos 2D e 3D, incluindo vigas, colunas e treliças, que estão sujeitas a uma série de cargas.

Estas são apenas algumas ilustrações das bibliotecas e pacotes para análise e projeto estrutural que são oferecidos em Python. Poderá ser necessário investigar bibliotecas mais especializadas ou criar algoritmos originais, dependendo dos seus requisitos específicos e da complexidade da sua situação. Para garantir a precisão e a fiabilidade dos seus cálculos de análise e projeto, é sempre uma boa ideia examinar os manuais de engenharia estrutural e a literatura.

Para garantir a segurança e a estabilidade de elementos estruturais como vigas, pilares e pórticos, a análise e o projeto estruturais envolvem a avaliação e o cálculo desses elementos. Embora existam programas de software especializados para este fim, a análise estrutural básica e os cálculos de projeto também podem ser feitos utilizando Python e as bibliotecas apropriadas. Eis um resumo de como a análise e o projeto estruturais podem ser feitos em Python:

Instalar as bibliotecas necessárias:

NumPy: Para cálculos numéricos e manipulação de matrizes.

SciPy: Para cálculos científicos e de engenharia avançados.

Matplotlib: Para visualização e plotagem de dados.

Pode instalar estas bibliotecas utilizando pip ou conda, dependendo do seu ambiente Python.

Definir os elementos estruturais:

As dimensões dos elementos estruturais, a composição do material e as cargas aplicadas devem ser previamente definidas. A título de exemplo, pode definir uma viga com as seguintes dimensões: comprimento, largura, altura, caraterísticas do material (como o módulo de Young e a tensão de cedência) e cargas aplicadas.

Efetuar análises estruturais:

Utilize as equações e os princípios da análise estrutural para calcular as respostas dos seus elementos estruturais. Por exemplo, pode calcular a deflexão, a tensão ou a deformação numa viga utilizando as fórmulas adequadas. Dependendo da complexidade da sua análise, poderá ser necessário utilizar métodos numéricos ou soluções aproximadas.

Verificar a segurança e a estabilidade estrutural:

Compare as respostas calculadas dos seus elementos estruturais com os critérios de projeto ou normas de segurança relevantes. Por exemplo, pode verificar se a tensão numa viga está dentro dos limites permitidos com base no limite de elasticidade do material. Certifique-se de que o projeto satisfaz os requisitos de segurança, estabilidade e facilidade de utilização.

Otimizar e repetir:

Se o projeto inicial não satisfizer os critérios desejados, é possível iterar e otimizar o projeto ajustando parâmetros como dimensões, materiais ou distribuição de cargas. É possível utilizar algoritmos de otimização ou diretrizes de dimensionamento para melhorar o desempenho da estrutura.

Visualizar resultados:

Utilize o Matplotlib ou outras bibliotecas de visualização para representar os resultados da sua análise. Isto pode ajudá-lo a compreender melhor o comportamento da sua estrutura e a comunicar as suas conclusões de forma eficaz.

Existem algumas bibliotecas Python especificamente concebidas para a análise estrutural, como a 'pyNastran' e a 'pymech'. Estas bibliotecas fornecem funcionalidades adicionais e métodos pré-implementados para análise e projeto estrutural. Pode explorar estas bibliotecas com base nos seus requisitos específicos.

Tenha em atenção que, embora o Python possa ser uma ferramenta útil para a análise e o projeto estruturais, pode não proporcionar o mesmo nível de desempenho e versatilidade que um software de análise estrutural dedicado. É essencial compreender as limitações e os pressupostos dos seus cálculos e considerar a utilização de software especializado para projectos complexos ou críticos.

Introdução à análise e projeto de estruturas utilizando Python

A análise e o projeto de estruturas envolvem o exame e a avaliação de estruturas para garantir a sua segurança, estabilidade e desempenho sob diferentes condições de carga. Tradicionalmente, este domínio tem-se baseado em software especializado e em cálculos manuais para analisar e projetar estruturas. No entanto, com a crescente popularidade de linguagens de programação como Python, tornou-se possível realizar tarefas de análise e projeto estrutural utilizando ferramentas e bibliotecas baseadas em Python.

Python fornece uma plataforma poderosa e flexível para análise e projeto estrutural devido à sua simplicidade, extensas bibliotecas e facilidade de utilização. Permite aos engenheiros e investigadores automatizar cálculos complexos, efetuar estudos paramétricos e desenvolver ferramentas personalizadas adaptadas às suas necessidades específicas. Aqui está uma breve introdução à análise e projeto estrutural utilizando Python:

Manipulação de dados: Python oferece várias bibliotecas, como NumPy e Pandas, que permitem a manipulação e o processamento eficientes de dados. Estas bibliotecas são particularmente úteis para o tratamento de dados estruturais, tais como coordenadas, forças e propriedades dos materiais.

Visualização: Python fornece bibliotecas como Matplotlib e Plotly, que permitem a criação de gráficos e visualizações 2D e 3D. Estas ferramentas são úteis para analisar e visualizar a resposta estrutural, tais como deslocamentos, tensões e formas de deformação.

Análise de Elementos Finitos (FEA): A FEA é um método amplamente utilizado para análise estrutural. O Python tem várias bibliotecas de FEA, como FEniCS, Calculix e PyFEM, que permitem aos utilizadores efetuar simulações de elementos finitos. Estas bibliotecas facilitam a modelação e a análise de estruturas complexas, dividindo-as em elementos finitos mais pequenos e resolvendo numericamente as equações que as regem.

Otimização: Python oferece bibliotecas de otimização como SciPy e Pyomo, que permitem a implementação de algoritmos de otimização. Estes podem ser utilizados para otimizar projectos estruturais, tais como encontrar o peso ou custo mínimo de uma estrutura, satisfazendo ao mesmo tempo determinadas restrições de projeto.

Projeto de betão armado: Python fornece bibliotecas como RCDesign e PYCSD que ajudam no projeto de estruturas de betão armado. Estas bibliotecas automatizam os cálculos para determinar as quantidades de armadura, analisar secções para momento e corte e verificar a conformidade com o código.

Projeto de aço: Bibliotecas como a Pysteel e a PysteelCI podem ser utilizadas para cálculos de projeto de aço. Fornecem funções para o dimensionamento de barras de aço sujeitas a várias cargas e restrições, incluindo o cálculo das propriedades da secção, a verificação da resistência e estabilidade e a criação de relatórios de dimensionamento.

Ao combinar estas bibliotecas e ferramentas Python, os engenheiros estruturais podem criar fluxos de trabalho e programas personalizados para simplificar o processo de análise e projeto. Eles também podem integrar essas ferramentas em sistemas de software de engenharia maiores ou usá-las para fins educacionais.

É importante notar que a proficiência em princípios e teoria de engenharia estrutural continua a ser crucial quando se utiliza Python para análise e projeto estrutural. O Python serve como uma ferramenta para automatizar cálculos, analisar dados e visualizar resultados, mas depende de uma entrada precisa e de um julgamento de engenharia apropriado para produzir projectos fiáveis e seguros

Modelação e análise de estruturas utilizando o método dos elementos finitos (MEF) com python

A modelação e análise de estruturas utilizando o método dos elementos finitos (MEF) é uma prática comum na engenharia e na mecânica computacional. O Python fornece várias bibliotecas que podem ser utilizadas para implementar o MEF e efetuar análises estruturais. Uma biblioteca popular é a FEniCS, que é um poderoso pacote de análise de elementos finitos. Nesta resposta, apresentarei uma visão geral de alto nível do processo de utilização do MEF com Python para análise estrutural.

Instalar as bibliotecas necessárias:

O primeiro passo é instalar as bibliotecas necessárias. O FEniCS pode ser instalado usando pip ou conda, executando o seguinte comando:

Copiar código

```
pip install fenics
```

Definir a geometria:

Comece por definir a geometria da estrutura que pretende analisar. O FEniCS utiliza uma linguagem específica de domínio chamada Unified Form Language (UFL) para definir a geometria e os espaços de elementos finitos. Pode criar uma malha utilizando funções incorporadas ou importar uma malha existente de ficheiros externos.

Definir o espaço de elementos finitos:

Especifique o espaço de elementos finitos para definir o tipo de funções de forma utilizadas para aproximar a solução. O FEniCS fornece uma gama de famílias de elementos finitos, tais como elementos lineares (P1), elementos quadráticos (P2), etc. O utilizador pode escolher o elemento apropriado com base nos requisitos do problema.

Definir o problema de variação:

Formular o problema variacional que representa o equilíbrio da estrutura. Isso normalmente envolve a definição das equações governantes (como a equação da elasticidade) e as condições de contorno correspondentes. O FEniCS utiliza a sintaxe UFL para expressar essas equações.

Resolver o problema:

Resolver o problema variacional utilizando o método dos elementos finitos. O FEniCS fornece vários solvers lineares e não lineares para calcular a solução. O usuário pode escolher o solver apropriado baseado nas caraterísticas do problema.

Extrair e visualizar resultados:

Depois de obter a solução, é possível extrair e visualizar os resultados. Isso pode incluir a obtenção de quantidades de interesse (como deslocamentos, tensões ou deformações) em locais específicos da estrutura e a geração de gráficos ou visualizações usando bibliotecas como Matplotlib ou ParaView.

É importante notar que o FEniCS é apenas uma opção para efetuar análises FEM com Python. Outras bibliotecas como SfePy, FEMPy e PyFEM também oferecem recursos semelhantes. A escolha da biblioteca depende dos seus requisitos específicos e da sua familiaridade com as ferramentas.

Espero que isto lhe dê uma ideia geral de como usar Python para modelar e analisar estruturas usando o método dos elementos finitos. Tenha em mente que o MEF é um campo complexo, e é recomendável consultar a documentação oficial e os livros didáticos relevantes para obter exemplos detalhados e tutoriais específicos para suas necessidades de análise.

Otimização com Python

Python é uma linguagem de programação poderosa que fornece várias bibliotecas e ferramentas para otimização estrutural e análise de sensibilidade. Aqui, apresento uma visão geral de algumas bibliotecas populares que pode utilizar para estas tarefas.

SciPy: SciPy é uma biblioteca amplamente utilizada para computação científica e técnica em Python. Inclui módulos para otimização, como o scipy.optimize, que fornece funções para otimização com e sem restrições. Pode utilizar métodos como minimize e minimize_scalar para efetuar a otimização estrutural.

OpenMDAO: O OpenMDAO é uma estrutura de código aberto para análise e otimização multidisciplinar. Permite-lhe definir e resolver problemas de otimização complexos que envolvem várias disciplinas.

Geração de relatórios de conceção e visualizações com python

Python fornece várias bibliotecas poderosas para gerar relatórios e visualizações de design. Algumas bibliotecas populares que podem ser utilizadas para este fim incluem:

Matplotlib: Matplotlib é uma biblioteca de plotagem amplamente utilizada em Python. Fornece uma vasta gama de gráficos personalizáveis, incluindo gráficos de linhas, gráficos de barras, gráficos de dispersão, histogramas e muito mais. Pode utilizar a Matplotlib para gerar visualizações a incluir nos seus relatórios de conceção.

Seaborn: Seaborn é uma biblioteca de visualização de dados estatísticos que é construída sobre o Matplotlib. Oferece uma interface de nível superior para criar gráficos estatísticos atraentes e informativos. O Seaborn fornece funções fáceis de usar para criar gráficos visualmente atraentes, como mapas de calor, gráficos de violino, gráficos de caixa e muito mais.

Plotly: Plotly é uma biblioteca que oferece visualizações interactivas e altamente personalizáveis. Ela suporta uma ampla gama de tipos de gráficos, incluindo gráficos de dispersão, gráficos de barras, gráficos de linhas, gráficos 3D e mapas. As visualizações do Plotly podem ser exibidas em notebooks Jupyter, salvas como arquivos HTML independentes ou incorporadas em aplicativos da Web.

Bokeh: Bokeh é uma biblioteca Python que fornece visualizações interactivas para navegadores Web modernos. Permite-lhe criar gráficos interactivos, painéis de controlo e aplicações de dados. O Bokeh suporta uma vasta gama de visualizações, incluindo gráficos de linhas, gráficos de dispersão, gráficos de barras e gráficos geográficos.

Pandas: Pandas é uma poderosa biblioteca de manipulação de dados em Python. Fornece estruturas de dados de elevado desempenho e fáceis de utilizar, tais como DataFrames, que são ideais para trabalhar com dados estruturados. O Pandas pode ser utilizado para efetuar análises de dados e criar visualizações com base nos seus dados.

ReportLab: O ReportLab é uma biblioteca para a criação de documentos PDF de forma programática. Permite-lhe gerar relatórios ricamente formatados, incluindo tabelas, gráficos, imagens e layouts personalizados. Pode utilizar o ReportLab para criar relatórios de design com Python e guardá-los como ficheiros PDF.

Estas bibliotecas fornecem uma vasta gama de opções para gerar relatórios de desenho e visualizações em Python. Pode escolher a que melhor se adequa aos seus requisitos e ao tipo de visualizações que pretende criar.

**Exemplo: Para gerar relatórios de projeto e visualizações de um edifício de 10' * 12' com um piso térreo e um piso adicional (G+1) utilizando Python, pode utilizar várias bibliotecas e ferramentas. Segue-se uma abordagem passo-a-passo para o ajudar a começar:

Importar bibliotecas: Comece por importar as bibliotecas necessárias para o seu projeto. Algumas bibliotecas comumente usadas para análise e visualização de dados em Python são numpy, pandas e matplotlib. Instale essas bibliotecas, se ainda não o fez, usando o comando pip install numpy pandas matplotlib.

Criar o layout do edifício: Defina as dimensões e a estrutura do edifício do pavilhão. Neste caso, temos um edifício de 10' * 12' com um rés do chão e um piso adicional.
pitão

Copiar código

```
largura_do_edifício = 10
comprimento_do_edifício = 12
num_floors = 2
```

Gerar plantas baixas: Pode representar as plantas do edifício utilizando várias bibliotecas gráficas. Uma escolha popular é a matplotlib. Eis um exemplo de geração de uma planta baixa para o rés do chão: python Copiar código

```
importar matplotlib.pyplot as plt
def generate_floor_plan(floor_width, floor_length):
fig, ax = plt.subplots()
ax.set_aspect('equal')
ax.add_patch(plt.Rectangle((0, 0), floor_width, floor_length, facecolor='lightgray', edgecolor-black'))
plt.xlim(0, largura_do_piso)
plt.ylim(0, floor_length)
plt.xlabel('Largura')
plt.ylabel('Comprimento')
plt.title('Planta Baixa - Rés do chão')
plt.grid(True) plt.show()
# Gerar a planta do rés do chão gerar_planta_do_chão(largura_do_edifício, comprimento_do_edifício)
```

Gerar um modelo de edifício em 3D: Se quiser visualizar o edifício em 3D, pode utilizar bibliotecas como matplotlib ou mayavi. Eis um exemplo de utilização da matplotlib: python

Copiar código

```
de mpl_toolkits.mplot3d import Axes3D
def generate_building_3d():
fig = plt.figure()
ax = fig.add_subplot(111, projeção='3d')
ax.set_xlabel('Width')
ax.set_ylabel('Length')
ax.set_zlabel('Altura')
```

```python
ax.set_title('Modelo de construção 3D')
#   Rés do chão
ax.bar3d(0, 0, 0, largura_do_edifício, comprimento_do_edifício, 0,2, color='lightgray')
#   Pisos adicionais
for i in range(1, num_floors):
ax.bar3d(0,   0,   i   *   3,   largura_do_edifício,   comprimento_do_edifício,   0.2,
color='lightgray')
plt.show()
# Gerar modelo de edifício 3D
gerar_edifício_3d()
```

Gerar relatório de projeto: Para gerar um relatório de projeto, pode utilizar bibliotecas como o reportlab ou o PyFPDF para criar ficheiros PDF com as informações necessárias, tais como plantas, especificações de construção e quaisquer outros detalhes relevantes. Eis um exemplo de utilização do reportlab: python
Copiar código

```python
from reportlab.lib.pagesizes import letter
from reportlab.platypus import SimpleDocTemplate, Image, Paragraph
from reportlab.lib import colors
def generate_design_report():
doc = SimpleDocTemplateCdesign_report.pdf", pagesize=letter)
conteúdo = []
#   Imagem da planta baixa
planta_do_chão_img   =   Imagem("planta_do_chão.png",   width=400,   height=300)
content.append(planta_do_chão_img)
#   Especificações do edifício
especificações   =   Paragraph("<b>Especificações   do   edifício:</b><br/>Largura:   {}
pés<br/>Comprimento:       {}       pés<br/>Pisos:       {}".format(largura_do_edifício,
comprimento_do_edifício, nº_pavimentos), style=styles["Normal"])
content.append(especificações)
#   Adicionar outras secções e informações, se necessário
doc.build(conteúdo)
# Gerar relatório de conceção
gerar_relatório_de_concepção()
```

Certifique-se de que tem as imagens necessárias (por exemplo, ground_floor_plan.png) no mesmo diretório que o seu script Python ou especifique o caminho correto.

Estes passos fornecem uma estrutura básica para gerar relatórios de projeto e visualizações do edifício do seu pavilhão utilizando Python. Sinta-se à vontade para modificar e expandir este código de acordo com as suas necessidades e preferências específicas.

**Exemplo: Para gerar relatórios de projeto de estrutura de um edifício de 10' * 12' com um piso térreo e um piso adicional (G+1) utilizando Python, pode utilizar várias bibliotecas e ferramentas. Segue-se uma abordagem passo-a-passo para o ajudar a começar:

Para gerar relatórios de dimensionamento de estruturas para um edifício de 10' * 12' com um piso térreo e um piso adicional (G+1) utilizando Python, pode seguir estes

passos:
Importar as bibliotecas necessárias:
pitão
Copiar código
importar pandas como pd
importar matplotlib.pyplot as plt
Definir as dimensões e os parâmetros do edifício:
pitão
Copiar código
comprimento = 10 # Comprimento do edifício em pés
largura = 12 # Largura do edifício em pés
num_floors = 2 # Número de pisos (G+1)
Calcule a área de cada piso:
pitão
Copiar código
área_do_chão = comprimento * largura
additional_floor_area = ground_floor_area
total_area = ground_floor_area + additional_floor_area
Crie um DataFrame para armazenar o relatório de conceção:
pitão
Copiar código
report = pd.DataFrame(columns=['Floor', 'Area'])
Acrescentar os pormenores do rés do chão ao relatório:
pitão
Copiar código
report.loc[0] = ['Rés do chão', ground_floor_area]
Adicione os detalhes adicionais do piso ao relatório:
pitão
Copiar código
report.loc[1] = ['Piso adicional', additional_floor_area]
Calcule a área total e adicione-a ao relatório:
pitão
Copiar código
report.loc[2] = ['Total', total_area]
Gerar um gráfico de barras para visualizar as áreas dos pisos:
pitão
Copiar código
plt.bar(relatório['Piso'], relatório['Área'])
plt.xlabel('Piso')
plt.ylabel('Área (sq. ft.)')
plt.title('Relatório da área de construção')
plt.show()
Guardar o relatório num ficheiro:
pitão
Copiar código
report.to_csv('building_report.csv', index=False)

Seguindo estes passos, será possível gerar um relatório de projeto de estrutura para as dimensões do edifício indicadas. O relatório incluirá a área de cada piso e uma visualização das áreas dos pisos. Além disso, o relatório será guardado como um ficheiro CSV para referência futura.

Pode modificar o código de acordo com os seus requisitos específicos ou acrescentar mais pormenores ao relatório, se necessário.

**Relatório de projeto de estrutura de betão armado para G+1

Relatório de dimensionamento de uma estrutura de betão armado G+1

Informações sobre o projeto:

Nome do Projeto: Edifício Residencial G+1

Localização: [Especificar o local]

Cliente: [Especificar o nome do cliente].

Arquiteto: [Especificar o nome do arquiteto].

Engenheiro de estruturas: [Especificar o nome do engenheiro de estruturas] Data: [Especificar a data]

Introdução:

O objetivo deste relatório de dimensionamento é fornecer informações pormenorizadas sobre o dimensionamento e a análise de uma estrutura de betão armado G+1. O relatório abrange as considerações de dimensionamento estrutural, os cálculos de carga, as especificações dos materiais e os pormenores de construção do edifício.

Considerações sobre o projeto estrutural:

O edifício é uma estrutura G+1, o que significa que é composto por um rés do chão e um piso adicional.

O sistema estrutural é baseado em betão armado, que confere resistência e durabilidade ao edifício.

O projeto respeita os códigos de construção locais, os regulamentos e as normas de conceção estrutural e de construção.

O edifício foi concebido para resistir a várias cargas, incluindo cargas mortas, cargas vivas, cargas de vento e cargas sísmicas.

Cálculos de carga:

Cargas mortas: As cargas mortas incluem o peso próprio da estrutura, acessórios permanentes, acabamentos e outras cargas não móveis.

Cargas vivas: As cargas vivas têm em conta a ocupação e a utilização prevista do edifício, incluindo o mobiliário, os ocupantes e as cargas dinâmicas.

Cargas de vento: O projeto tem em conta as cargas de vento com base na velocidade do vento local e na categoria de exposição do edifício.

Cargas sísmicas: O edifício é concebido para resistir às forças sísmicas com base na zona sísmica e no fator de importância.

Especificações do material:

Betão: A conceção da mistura de betão inclui a resistência especificada, a relação água-cimento e outras propriedades necessárias.

Armadura: As barras de reforço utilizadas são especificadas em termos de grau, diâmetro e espaçamento. O projeto assegura uma armadura de aço adequada para resistir às forças de flexão e de corte.

Cofragem: O sistema de cofragem é concebido para suportar a pressão exercida pelo betão fresco durante a moldagem e a cura.

Análise e projeto de estruturas:

A análise estrutural é efectuada utilizando software apropriado ou cálculos manuais para determinar as forças internas e os momentos em vários elementos estruturais.

O dimensionamento de elementos estruturais, tais como pilares, vigas, lajes e sapatas, é efectuado tendo em conta as cargas aplicadas, as propriedades dos materiais e as disposições legais.

O projeto tem em conta factores como a deformação, a fissuração e a durabilidade para garantir uma estrutura segura e operacional.

Detalhes da construção:

Os pormenores de construção incluem desenhos, secções e planos que descrevem a disposição, as dimensões e os pormenores de reforço de cada elemento estrutural.

A pormenorização do reforço tem em conta a cobertura adequada, os comprimentos das voltas, os comprimentos de desenvolvimento e o espaçamento de acordo com os requisitos do projeto.

As especificações de construção descrevem os procedimentos, as medidas de controlo de qualidade e os requisitos de ensaio durante a fase de construção.

Conclusão:

Este relatório de projeto fornece uma visão geral da estrutura de betão armado G+1, abrangendo as considerações de projeto, cálculos de carga, especificações de materiais, análise estrutural e detalhes de construção. O objetivo do projeto é garantir a integridade estrutural, a segurança e a funcionalidade do edifício.

Note que este é um formato generalizado para um relatório de projeto e que os detalhes específicos podem variar dependendo dos requisitos do projeto, dos códigos locais e das práticas de engenharia. É essencial consultar um engenheiro estrutural qualificado para um projeto abrangente e específico do local.

**Modelação e análise de estruturas utilizando o método dos elementos finitos (MEF) para o edifício G+4 com python

Para modelar e analisar estruturas utilizando o método dos elementos finitos (MEF) para um edifício G+4 em Python, pode seguir estes passos:

Pré-processamento:

Definir a geometria do edifício, incluindo os seus pisos, colunas, vigas e outros elementos estruturais.

Discretize a estrutura em elementos finitos. Por exemplo, pode utilizar elementos de viga ou de casca para representar pilares e lajes, respetivamente.

Atribua propriedades materiais a cada elemento, como o módulo de elasticidade, o coeficiente de Poisson e a densidade.

Aplicar condições de fronteira, incluindo apoios fixos, restrições e cargas.

Matriz de rigidez do elemento:

Para cada elemento finito, calcular a sua matriz de rigidez com base na sua geometria, nas propriedades dos materiais e na teoria subjacente ao tipo de elemento (por exemplo, viga, casca, etc.).

Montar a matriz de rigidez global combinando as matrizes de rigidez dos elementos de acordo com a conetividade dos nós.

Vetor de carga:

Definir as cargas aplicadas na estrutura, incluindo cargas mortas, cargas vivas e outras forças externas.

Distribuir as cargas aplicadas aos nós e elementos correspondentes.

Resolver o sistema de equações:

Aplicar condições de fronteira adequadas à matriz de rigidez global e ao vetor de carga, removendo os graus de liberdade condicionados.

Resolver o sistema de equações resultante utilizando um solucionador numérico adequado, como métodos diretos (por exemplo, decomposição LU) ou métodos iterativos (por exemplo, método do gradiente conjugado). Pós-processamento:

Obtenha os deslocamentos, as deformações e as tensões para cada elemento com base no sistema de equações resolvido.

Calcular as reacções nos suportes e outras quantidades críticas de interesse.

Visualize e interprete os resultados para avaliar o comportamento estrutural e identificar potenciais problemas, como deflexões ou tensões excessivas.

O Python tem várias bibliotecas que podem ajudar na implementação do MEF para análise estrutural, tais como NumPy, SciPy e FEniCS. Adicionalmente, poderá encontrar pacotes especializados como PyDSTool ou PyNite úteis para tarefas específicas de análise estrutural.

Lembre-se que a complexidade da análise dependerá do nível de pormenor e precisão que pretende atingir. Os passos descritos acima fornecem um enquadramento geral, mas poderá ser necessário aprofundar aspectos específicos da análise estrutural e da teoria do MEF para modelar e analisar eficazmente um edifício G+4.

## Capítulo 4

Aplicações de engenharia geotécnica em python

As estruturas que interagem com a terra devem ser avaliadas, projectadas e construídas no domínio da engenharia geotécnica. Numerosas questões de engenharia geotécnica podem ser resolvidas utilizando a linguagem de programação flexível Python. De seguida, apresentam-se algumas utilizações típicas de Python na engenharia geotécnica:

Cálculos geotécnicos: o Python pode ser utilizado para efetuar cálculos geotécnicos como a resistência ao cisalhamento, a análise de compactação, a classificação dos solos, a análise da estabilidade dos taludes e a análise de compactação. O Python pode ser utilizado para criar métodos numéricos e algoritmos que resolvem problemas difíceis de mecânica dos solos.

Análise de dados geotécnicos: Python oferece bibliotecas fortes como NumPy, Pandas e Matplotlib para processamento e visualização de dados. Os engenheiros podem utilizar estas bibliotecas para analisar dados geotécnicos, tais como os resultados de testes de solos, investigação laboratorial e observações no terreno.

Modelação e simulação geotécnica: Python pode ser utilizado para efetuar cálculos geotécnicos, como a análise da estabilidade de declives, a classificação de solos, a análise de compactação, a consolidação e a resistência ao cisalhamento. O Python pode ser utilizado para criar técnicas numéricas e algoritmos para resolver problemas complexos de mecânica dos solos.

Análise Geoespacial: O processamento e a análise de dados geográficos são muito bem suportados pelo Python. Os engenheiros podem interagir com formatos de dados geográficos, efetuar operações geométricas em caraterísticas geotécnicas e extrair informações úteis de imagens de satélite ou fotografias aéreas graças a bibliotecas como GDAL, Fiona e Shapely.

Visualização geotécnica: As visualizações de dados geotécnicos, como perfis de solo, curvas tensão-deformação, contornos de assentamento e gráficos de estabilidade de taludes, podem ser efectuadas utilizando pacotes Python como Matplotlib, Plotly e Seaborn. Estas visualizações ajudam a apresentar resultados de forma eficiente e a explicar ideias técnicas difíceis.

Automatização geotécnica: Os trabalhos de engenharia geotécnica que se repetem podem ser automatizados utilizando Python. Os scripts Python, por exemplo, podem automatizar o processamento de dados, a preparação de relatórios e a análise de lotes. Isto pode acelerar os procedimentos de engenharia geotécnica e aumentar a eficiência.

Python é uma linguagem de programação de uso geral, pelo que as suas utilizações em engenharia geotécnica não se restringem apenas às enumeradas acima. É fundamental ter isto em conta. Dependendo dos objectivos do projeto e da experiência do engenheiro, as aplicações específicas e os casos de utilização podem mudar.

** O Sistema Unificado de Classificação de Solos (USCS) é um sistema de classificação de solos frequentemente utilizado. Com base nas suas caraterísticas, o USCS divide os solos em diferentes categorias.

Aqui está um exemplo de código que mostra como classificar os solos utilizando o

USCS de acordo com os seus valores de limite líquido (LL) e índice de plasticidade (PI):

pitão

Copiar código

```
def classify_soil(LL, PI):
se LL < 50 e PI < 10:
return "Gravilha bem graduada (GW)"
elif LL < 50 e PI >= 10 e PI <= 30:
retorno "gravilha mal graduada (GP)"
elif LL >= 50 e PI < 10:
return "Areia bem graduada (SW)"
elif LL >= 50 e PI >= 10 e PI <= 30:
return "Areia mal graduada (SP)"
elif LL < 50 e PI > 30:
return "Silte (ML/CL)"
elif LL >= 50 e PI > 30:
retorno
```

** O exemplo que se segue mostra como determinar o símbolo do Sistema Unificado de Classificação de Solos (USCS) com base na distribuição de tamanhos de grãos numa determinada amostra de solo.

```
def soil_classification(grain_sizes):
#   Converter os tamanhos dos grãos para uma escala logarítmica (base 2)
log_sizes = [round(math.log2(size), 2) for size in grain_sizes]
#   Calcular a percentagem das diferentes fracções granulométricas argila = soma([tamanho para tamanho em log_tamanho se tamanho < -0,075]) silte = soma([tamanho para tamanho em log_tamanho se -0,075 <= tamanho <= 0]) areia = soma([tamanho para tamanho em log_tamanho se tamanho > 0])
#   Determinar o tipo de solo primário com base nas percentagens
se argila >= 50 e silte < 40: devolver "CL"
elif argila >= 50 e silte >= 40: return "CL-ML"
elif argila < 50 e silte >= 50: return "ML"
elif areia >= 50:
devolver "SW"
elif 12 <= areia < 50 and argila <= 30: return "SP"
elif 12 <= areia < 50 e argila > 30: return "SC"
elif areia < 12 e argila <= 30:
devolver "SM"
elif areia < 12 e argila > 30: return "SM-SC"
e mais:
return "Classificação inválida"
#   Exemplo de utilização
grain_sizes = [0.075, 0.3, 0.6, 1.18, 2.36, 4.75, 9.5, 19.0, 38.0] # Tamanhos de grãos de amostra em mm
classificação = classificação_do_solo(tamanho_dos_grãos)
print("Classificação do solo:", classificação)
```

Neste exemplo, definimos a função soil_classification, que aceita uma lista de tamanhos de grãos como entrada. Os tamanhos dos grãos devem ser especificados em milímetros (mm). A função determina as percentagens das fracções de argila, silte e areia com base nos intervalos de tamanho apropriados, depois de calcular a escala logarítmica (base 2) de cada tamanho de grão. O símbolo USCS para a amostra de solo fornecida é então devolvido.

Para obter a categorização do solo, altere a lista de tamanhos de grão grain_sizes com os seus próprios dados e execute o código. Para obter resultados exactos, certifique-se de que os tamanhos de grão estão na sequência e unidades corretas.

Tenha em atenção que este é apenas um exemplo simplificado utilizado para fins ilustrativos. Factores adicionais, como o índice de plasticidade, o limite líquido, o limite plástico e o conteúdo orgânico, são tidos em conta na classificação real do solo. Para a categorização, o exemplo considera simplesmente a distribuição do tamanho do grão.

O Sistema Unificado de Classificação de Solos (USCS), que classifica os solos com base na sua plasticidade, distribuição granulométrica e outras caraterísticas, é amplamente utilizado para a classificação de solos. Eis um exemplo de um cálculo para a categorização do solo em Python.

def classify_soil(grain_size, plasticity_index):

\#   Determinar a classificação do solo com base na granulometria e no índice de plasticidade

se granulometria <= 0,075 e índice de plasticidade < 10: devolve "gravilha bem graduada (Gw)"

elif tamanho_do_grão <= 0,075 e índice_de_plasticidade >= 10:

return "Gravilha mal graduada (GP)"

elif 0,075 < tamanho_do_grão <= 0,425 e índice_de_plasticidade < 10:

return "Areia bem graduada (SW)"

elif 0,075 < tamanho_do_grão <= 0,425 e índice de plasticidade >= 10:

return "Areia mal graduada (SP)"

elif tamanho_do_grão > 0,425 e índice_de_plasticidade < 4:

return "Silte (ML)"

elif tamanho_do_grão > 0,425 e 4 <= índice_de_plasticidade <= 7:

return "Argila inorgânica (CL)"

elif tamanho_do_grão > 0,425 and 7 < índice_de_plasticidade < 20: return "Silte inorgânico (ML)"

elif tamanho_do_grão > 0,425 e índice_de_plasticidade >= 20: return "Argila inorgânica (CH)"

e mais:

return "Classificação do solo não determinada"

\# Exemplo de utilização grain_size = 0.05 plasticity_index = 8 classification = classify_soil(grain_size, plasticity_index) print(f "Soil Classification: {classification}")

**Classificação geotécnica dos solos com Python

O Sistema Unificado de Classificação de Solos (USCS), que classifica os solos com base na sua plasticidade, distribuição granulométrica e outras caraterísticas, é amplamente utilizado para a classificação de solos. Aqui está uma ilustração de um cálculo para a categorização do solo em Python:

pitão

```python
Copiar código
def classify_soil(grain_size, plasticity_index):
# Determinar a classificação do solo com base na granulometria e no índice de
plasticidade
se granulometria <= 0,075 e índice de plasticidade < 10: devolve "gravilha bem
graduada (Gw)"
elif tamanho_do_grão <= 0,075 e índice_de_plasticidade >= 10:
return "Gravilha mal graduada (GP)"
elif 0,075 < tamanho_do_grão <= 0,425 e índice_de_plasticidade < 10:
return "Areia bem graduada (SW)"
elif 0,075 < tamanho_do_grão <= 0,425 e índice de plasticidade >= 10:
return "Areia mal graduada (SP)"
elif tamanho_do_grão > 0,425 e índice_de_plasticidade < 4:
return "Silte (ML)"
elif tamanho_do_grão > 0,425 e 4 <= índice_de_plasticidade <= 7:
return "Argila inorgânica (CL)"
elif tamanho_do_grão > 0,425 e 7 < índice_de_plasticidade < 20:
return "Silte inorgânico (ML)"
elif tamanho_do_grão > 0,425 e índice_de_plasticidade >= 20:
return "Argila inorgânica (CH)"
e mais:
return "Classificação do solo não determinada" # Exemplo de utilização
tamanho_do_grão = 0,05 índice_de_plasticidade = 8 classification =
classify_soil(tamanho_do_grão, índice_de_plasticidade) print(f "Classificação do
solo: {classificação}")
```

Nesta ilustração, a função classify_soil utiliza os parâmetros de entrada de tamanho de grão e índice de plasticidade para determinar a classificação de solo USCS apropriada. Dependendo das suas necessidades específicas, pode alterar os critérios de classificação e adicionar novas categorias.

Tenha em atenção que o sistema de categorização de solos USCS contém critérios e subcategorias mais específicos e que este é apenas um exemplo simplificado. Para obter resultados mais precisos, poderá ser necessário ter em conta outros factores e modificar a lógica de classificação em conformidade.

** O Python pode ser utilizado para efetuar cálculos de consolidação de solos e outras questões geotécnicas.

É possível efetuar cálculos geotécnicos em Python, incluindo cálculos de consolidação de solos. Python é uma linguagem de programação poderosa que fornece uma vasta gama de bibliotecas e pacotes para computação científica e análise de dados, tornando-a adequada para aplicações de engenharia geotécnica.

Pode utilizar Python para calcular a consolidação do solo seguindo estes passos simples:

Instalar as bibliotecas necessárias: Certifique-se de que as bibliotecas necessárias são instaladas primeiro. NumPy, SciPy e Matplotlib são algumas das bibliotecas Python mais conhecidas para computação científica. Utilizando gestores de pacotes como o pip ou o conda, pode instalá-las.

Definir os critérios de entrada da seguinte forma: O índice de vazios inicial, a permeabilidade, o coeficiente de consolidação e a carga aplicada são alguns exemplos dos parâmetros de entrada que devem ser especificados para o cálculo da consolidação do solo.

Aplicar a equação de consolidação: Calcular o assentamento de consolidação utilizando a equação de consolidação unidimensional de Terzaghi, que é a equação que rege a consolidação do solo. Esta equação relaciona a carga aplicada e a alteração do índice de vazios ao longo do tempo.

Solução numérica: Para resolver a equação de consolidação numericamente, utilize métodos de diferenças finitas ou de elementos finitos. Para implementar o algoritmo de solução, pode utilizar as capacidades numéricas oferecidas por bibliotecas como NumPy e SciPy.

Representar os resultados: Para visualizar e representar os resultados, utilize a biblioteca Matplotlib. Para analisar o comportamento da consolidação, é possível representar o assentamento em função do tempo ou de outros factores importantes.

É necessário ter em conta que os cálculos geotécnicos podem ser difíceis, pelo que é essencial compreender a teoria e os pressupostos subjacentes. Além disso, existem bibliotecas Python específicas para aplicações geotécnicas, incluindo GeoPy e PyGEL3D,

Tenha sempre o cuidado de validar os seus resultados e de ter em conta as limitações dos modelos e técnicas que está a utilizar.

** Consolidação de solos baseada em Python para engenharia rodoviária

Uma vez que a consolidação do solo tem impacto na estabilidade e na funcionalidade da infraestrutura rodoviária, é uma componente crucial da engenharia rodoviária. A adaptabilidade do Python e a acessibilidade a bibliotecas pertinentes tornam-no uma ferramenta viável para estudar a consolidação do solo na engenharia rodoviária. Utilizando Python, pode abordar a análise da consolidação do solo da seguinte forma geral:

Importar as bibliotecas necessárias: javascript

Copiar código

importar numpy as np

importar matplotlib.pyplot as plt

Definir os parâmetros do solo e do processo de consolidação, tais como o índice de vazios inicial (e0), o coeficiente de consolidação (cv) e a duração da consolidação (t).

Utilizar a teoria de Terzaghi ou a liquidação. A teoria de Terzaghi pode ser enunciada da seguinte forma:

outras técnicas pertinentes para determinar a css de consolidação

Copiar código

liquidação = (cv * (np.log(t) + 0,5)) / (1 + e0)

Trace o gráfico da povoação ao longo do tempo utilizando matplotlib: sql

Copiar código

tempo = np.linspace(0, t, num=100) # Gerar valores de tempo

assentamento = (cv * (np.log(time) + 0.5)) / (1 + e0) # Calcular o assentamento em cada passo de tempo plt.plot(time, settlement)

plt.xlabel('Tempo')

plt.ylabel('Liquidação')

plt.title('Assentamento da Consolidação do Solo')
plt.grid(Verdadeiro)
plt.show()
Isto irá gerar um gráfico que mostra o assentamento de consolidação ao longo do tempo.
O estudo pode, opcionalmente, ser expandido através da inclusão de outros elementos como a tensão efectiva inicial, a pré-carga e várias teorias de consolidação do solo.
É vital lembrar que o método específico e as equações utilizadas para o estudo da consolidação do solo podem mudar com base nas necessidades e condições do contexto de engenharia. Este esquema oferece um ponto de partida simples para a aplicação da teoria de Terzaghi. Dependendo dos seus requisitos específicos e dos dados disponíveis sobre o solo, poderá ser necessário modificar e melhorar o código.
Para além disso, existem bibliotecas especializadas em engenharia geotécnica para Python que oferecem ferramentas mais sofisticadas para a análise da consolidação de solos, como a pysra ou a pyswedge. Estas bibliotecas incluem uma maior variedade de cálculos geotécnicos para além da consolidação de solos e são capazes de lidar com cenários mais complicados.
Para obter uma análise precisa e adequada ao seu projeto, não se esqueça de contactar especialistas em geotecnia e de pesquisar a literatura pertinente.
**cálculos geotécnicos, de consolidação dos solos em Geotecnia
O Python tem uma série de algoritmos numéricos e bibliotecas que podem ser utilizados para efetuar cálculos geotécnicos para a consolidação de solos. Aqui está um tutorial passo-a-passo sobre como usar Python para cálculos de consolidação de solos:
Importar as bibliotecas necessárias: python
Copiar código
importar numpy as np
importar matplotlib.pyplot as plt
Definir os parâmetros de entrada:
pitão
Copiar código
H = 10.0 # Espessura total da camada de solo (em metros) c = 2.0 # Coesão do solo (em kPa) phi = 30.0 # Ângulo de atrito interno do solo (em graus) k = 1.0e-4 # Coeficiente de permeabilidade do solo (em m/s) t = 3600.0 # Duração do tempo (em segundos)
Calcular o coeficiente de consolidação (cv): python
Copiar código cv = k * t Calcular a tensão efectiva vertical (sigma_v) a cada profundidade: python
Copiar código
profundidades = np.linspace(0, H, 100) # Dividir a camada de solo em 100 profundidades igualmente espaçadas sigma_v = np.zeros_like(profundidades)
para i, profundidade em enumerar(profundidades):
sigma_v[i] = profundidade * (gamma_sat - gamma_w)
Nota: É necessário fornecer os valores do peso unitário saturado (gamma_sat) e do

peso unitário da água (gamma_w) de acordo com as propriedades específicas do solo.

Calcular o grau de consolidação (U) em cada profundidade:

pitão

Copiar código

U = (1 - np.exp(-sigma_v / cv)) * 100

Traçar o perfil do grau de consolidação:

pitão

Copiar código

plt.plot(U, profundidades)

plt.xlabel('Grau de consolidação (%)')

plt.ylabel('Profundidade (m)')

plt.title('Perfil do grau de consolidação')

plt.grid(Verdadeiro)

plt.show()

Para um solo com uma única camada, este é um exemplo simples de como calcular e visualizar o perfil do grau de consolidação. Poderá ser necessário ter em conta mais variáveis e equações para cenários ou solos com várias camadas que sejam mais complicados.

Não se esqueça de utilizar os valores de entrada necessários e de modificar o código para o adaptar às suas necessidades específicas e às caraterísticas do solo.

Caracterização de solos e análise de dados geotécnicos com python

Python é uma poderosa linguagem informática que pode ser utilizada para o processamento de dados geotécnicos e para a caraterização de solos. Estão disponíveis muitas bibliotecas e pacotes Python que podem ajudá-lo a realizar estas tarefas. Apresentamos de seguida algumas bibliotecas populares para a análise de dados geotécnicos e descrição de solos:

O NumPy é uma ferramenta Python essencial para a computação científica. Para além de um certo número de funções matemáticas, suporta grandes matrizes multidimensionais e matrizes. Os dados geotécnicos podem ser analisados e modificados numericamente com NumPy.

Pandas: Pandas é uma biblioteca forte para análise e manipulação de dados. Oferece estruturas de dados úteis para organizar e analisar dados tabulares, como quadros de dados. Grandes conjuntos de dados, limpeza de dados, fusão, filtragem e resumos estatísticos podem ser efectuados com Pandas.

Matplotlib: Um conjunto de ferramentas de plotagem chamado Matplotlib torna possível fazer vários tipos de gráficos, diagramas e visualizações. É frequentemente utilizado na análise geotécnica para visualizar dados, incluindo gráficos de parâmetros do solo, curvas tensão-deformação ou perfis geotécnicos.

Scikit-learn: A biblioteca de aprendizagem automática Scikit-learn inclui uma grande seleção de métodos de classificação, regressão, agrupamento e redução da dimensionalidade. Pode ser utilizada para tarefas como a categorização de solos, a previsão de propriedades do solo ou a determinação de riscos geotécnicos ao analisar dados geotécnicos.

SciPy: Para além do NumPy, a biblioteca SciPy acrescenta mais capacidades de computação científica. Tem módulos para processamento de sinais, interpolação, otimização e muito mais. Os desafios da engenharia geotécnica que envolvem a otimização numérica ou a interpolação de dados experimentais podem ser resolvidos com SciPy.

Geopandas: Uma adição ao Pandas chamada Geopandas foi concebida especificamente para lidar com dados geoespaciais. Os conjuntos de dados geoespaciais, especialmente os dados geotécnicos que contêm informações geográficas, como amostras de solo recolhidas em locais específicos, podem ser manipulados, analisados e visualizados utilizando esta tecnologia.

OpenCV: Os trabalhos de processamento de imagem e de visão por computador utilizam geralmente o OpenCV (Open Source Computer Vision Library). O OpenCV pode ser útil para a análise baseada em imagens na análise geotécnica, como o processamento de fotografias de amostras de solo ou a análise de fotografias geotécnicas.

Estas bibliotecas oferecem uma base sólida para o estudo dos dados geotécnicos e da caraterização dos solos. Pode utilizar as suas funcionalidades para analisar, visualizar e modelar dados geotécnicos em Python, instalando-as através da gestão de pacotes pip para Python.

** Cálculos geotécnicos baseados em Python para classificação de solos em engenharia rodoviária

Pode utilizar diferentes bibliotecas como NumPy, Pandas e Matplotlib para efetuar cálculos geotécnicos para classificação de solos em engenharia rodoviária utilizando Python. Aqui está uma folha de instruções passo a passo para o ajudar:

Instalar as bibliotecas necessárias:

Certifique-se de que as bibliotecas necessárias estão instaladas. Com a ajuda dos seguintes comandos, pode instalá-las:

pitão

Copiar código

pip install numpy pandas matplotlib

Importar bibliotecas necessárias:

Inclua as bibliotecas necessárias no seu script Python:

pitão

Copiar código

importar numpy as np

importar pandas como pd

importar matplotlib.pyplot as plt

Dados de entrada:

Preparar os dados de entrada, tais como os resultados da análise granulométrica ou outros dados relevantes, num formato adequado. Os dados podem ser introduzidos manualmente ou lidos a partir de um ficheiro.

Efetuar cálculos geotécnicos:

Aplicar os cálculos geotécnicos de acordo com as suas necessidades. Uma ilustração de como determinar o Sistema Unificado de Classificação de Solos (USCS) com base na percentagem de vários tamanhos de partículas é apresentada abaixo:

pitão

Copiar código
def classify_soil(sieve_data):
#   Calcular a percentagem acumulada de aprovações
cumulative_percentage = np.cumsum(sieve_data['Percentage'])
#   Determinar a classificação do solo com base em percentagens
se cumulative_percentage[-1] < 50:
return "Solo de granulometria grossa"
elif 50 <= percentagem_acumulada[-1] < 80:
return "Solo de granulometria fina"
e mais:
return "Solo orgânico"
Exemplo de dados de análise granulométrica (tamanhos de partículas e percentagens correspondentes) sieve_data = pd.DataFrame({
'Tamanho da partícula (mm)': [4.75, 2.00, 0.425, 0.075],
'Percentagem': [35, 20, 35, 10]
})
#   Chamar a função classify_soil
classificação_do_solo = classificar_solo(dados crivados)
print("Classificação do solo: ", classificação_do_solo)
Nota: Com base nos seus próprios requisitos, pode expandir este exemplo simples para incluir cálculos e classificações mais complexos.
Visualizar resultados (opcional):
O pacote Matplotlib pode ser utilizado para visualizar os resultados. Aqui está uma ilustração de como fazer um gráfico de barras para mostrar os resultados da análise granulométrica:
pitão
Copiar código
def visualize_sieve_analysis(sieve_data):
plt.bar(dados_da_peneira['Tamanho da partícula (mm)'], dados_da_peneira['Percentagem'])
plt.xlabel('Tamanho das partículas (mm)')
plt.ylabel('Percentagem')
plt.title('Análise granulométrica')
plt.show()
#   Chamar a função visualize_sieve_analysis
visualize_sieve_analysis(sieve_data)
Este código fornecerá um gráfico de barras com as percentagens dos diferentes tamanhos de partículas.
Não se esqueça de que se trata de exemplos simples que pode modificar para satisfazer as suas próprias necessidades. Tenha o cuidado de consultar a literatura e as normas pertinentes para uma abordagem completa. Os cálculos geotécnicos podem exigir uma variedade de parâmetros e equações adicionais.

Análise da estabilidade de taludes e muros de suporte

O estudo da estabilidade de taludes e muros de suporte é uma componente crucial da engenharia geotécnica. Embora existam vários programas de software comerciais disponíveis para este fim, o Python também pode ser utilizado para efetuar algumas avaliações de estabilidade simples. As medidas que podem ser tomadas são descritas de seguida:

Adicione as bibliotecas necessárias: Importe as bibliotecas Python necessárias, tais como NumPy e matplotlib, para começar.

pitão

Copiar código

```
importar numpy as np
importar matplotlib.pyplot as plt
```

Definir parâmetros de entrada: Introduza as variáveis de entrada para o muro de contenção ou o talude que pretende analisar. Propriedades como a coesão do solo, o ângulo de atrito, a altura do muro, as caraterísticas do aterro, a elevação do lençol freático, etc. podem estar entre elas.

pitão

Copiar código

```
coesão = 10 # Coesão do solo (kPa)
friction_angle = 30 # Ângulo de fricção do solo (graus)
wall_height = 5 # Altura do muro de contenção (m)
backfill_angle = 26 # Ângulo de fricção do aterro (graus)
water_table_elevation = 2 # Elevação do nível freático (m)
```

Calcular forças e momentos: Calcular os vários pesos do solo, cargas de sobrecarga, pressão da água e outras cargas que actuam como forças ou momentos no talude ou muro de contenção.

pitão

Copiar código

```
peso_unidade_do_solo = 18 # Peso unitário do solo (kN/m^3)
surcharge_load = 20 # Carga de sobrecarga no talude (kPa)
#   Calcular forças
peso_do_solo = peso_da_unidade_do_solo * altura_da_parede
peso_de_aterro = peso_do_solo * np.sin(np.radianos(ângulo_de_aterro))
pressão_da_água = 0,5 * peso unitário do solo * elevação do lençol freático
cargas_adicionais = carga_de_sobrecarga * altura_da_parede
```

Calcular a resistência ao cisalhamento: Utilizando a equação de Mohr-Coulomb ou qualquer outro modelo de resistência do solo pertinente, determinar a resistência ao cisalhamento do solo.

pitão

Copiar código

```
#   Calcular a resistência ao cisalhamento
resistência ao cisalhamento = coesão + (peso unitário do solo * altura da parede *
np.tan(np.radians(friction_angle))
```

Efetuar um estudo de estabilidade utilizando as forças calculadas e a resistência ao corte para identificar factores de segurança (FoS) ou índices de estabilidade (por exemplo, a técnica de Bishop, a abordagem simplificada de Janbu, etc.).

pitão

Copiar código

```
#   Calcular o fator de segurança
```

factor_de_segurança = resistência ao corte / (peso_do_aterro + pressão_da_água + cargas adicionais)

Traçar os resultados: Visualize os resultados da análise de estabilidade, como o fator de segurança ou a forma como as forças de corte são distribuídas ao longo do talude ou muro de contenção.

pitão

Copiar código

```
#    Traçado
x = np.linspace(0, altura_da_parede, 100)
força_de_cisalhamento = força_de_cisalhamento * np.ones_like(x)
força_resistente = (peso_do_aterro + pressão_da_água + cargas_adicionais) * np.ones_like(x)
plt.plot(x, shear_force, label='Shear Force')
plt.plot(x, resisting_force, label='Resisting Force')
plt.xlabel('Profundidade (m)')
plt.ylabel('Força (kN/m)')
plt.legend()
plt.show()
```

Este é um roteiro simples para o ajudar a iniciar-se na análise de estabilidade em Python. Poderá ser necessário utilizar cálculos ou técnicas adicionais, dependendo dos seus requisitos específicos e da complexidade do problema. Também é importante notar que os programas de software de engenharia geotécnica oferecem avaliações mais completas e rigorosas, pelo que deve pensar em utilizá-los para tarefas mais importantes ou complexas.

**Efetuar cálculos para a análise da estabilidade de taludes utilizando Python na engenharia rodoviária.

É necessário determinar o ângulo de inclinação, as caraterísticas do solo e as pressões externas que actuam no talude para realizar uma análise fundamental da estabilidade do talude. Como uma das técnicas frequentemente utilizadas na análise de estabilidade de taludes, o método de Bishop pode ser utilizado para determinar o fator de segurança da seguinte forma:

pitão

Copiar código importar math

```
def calculate_factor_of_safety(c, phi, gamma, h, alpha, cohesion, weight, slope_height):
```

Calcula o fator de segurança utilizando o método de Bishop para a análise da estabilidade de taludes.

Argumentos:

c -- coesão efectiva do solo (em kPa) phi -- ângulo de atrito interno (em graus) gamma -- peso unitário do solo (em kNZm^3) h -- altura do talude (em metros) alpha -- ângulo do talude (em graus) cohesion -- resistência ao cisalhamento do solo (em kPa) weight -- peso do solo (em kN) slope_height -- altura do talude (em metros)

Devoluções:

factor_of_safety -- fator de segurança calculado

```
# Converter graus em radianos
phi_rad = math.radians(phi)
```

```python
alfa_rad = math.radians(alfa)
#    Calcular a força motriz
driving_force = peso * math.sin(alpha_rad)
#    Calcular a força de resistência
força_resistente = (c * h) + (0,5 * coesão * h**2) * math.tan(phi_rad)
#    Calcular o momento de derrube
Momento_de_tombamento = peso * h * math.cos(alpha_rad)
#    Calcular o momento das forças de resistência
forças_resistentes = (0,5 * coesão * h**2) * math.tan(phi_rad)
#    Calcular o fator de segurança
factor_de_segurança = (força resistente * altura do talude) / (força motriz * altura do
talude + momento de derrube - momento_resistente)
return factor_de_segurança
#    Exemplo de utilização
c = 10 # Coesão efectiva do solo (em kPa)
phi = 25 # Ângulo de atrito interno (em graus)
gamma = 18 # Peso unitário do solo (em kNZm^3)
h = 10 # Altura do declive (em metros)
alpha = 30 # Ângulo de inclinação (em graus)
coesão = 20 # Resistência ao cisalhamento do solo (em kPa)
peso = gamma * h # Peso do solo (em kN)
altura do declive = h # Altura do declive (em metros)
factor_de_segurança = calculate_factor_of_safety(c, phi, gamma, h, alpha, cohesion,
weight, slope_height)
print("Fator de segurança:", factor_de_segurança)
```

O utilizador pode fornecer os valores de entrada relevantes para o seu declive e condições de solo particulares no código acima mencionado. Estes números são passados para a função calculate_factor_of_safety, que devolve o fator de segurança calculado utilizando a abordagem de Bishop.

**efetuar cálculos geotécnicos, para análise da estabilidade de taludes com python

O Python pode ser utilizado para efetuar cálculos geotécnicos, como a análise da estabilidade de taludes. Segue-se um tutorial passo a passo sobre como executar um programa Python para analisar a estabilidade de taludes:

Importar as bibliotecas necessárias:

pitão

Copiar código

```python
importar numpy as np
importar matplotlib.pyplot as plt
```

Definir a geometria do declive e as propriedades do material:

pitão

Copiar código

```python
#    Geometria do declive
altura do declive = 10 # metros
ângulo_de_inclinação = np.deg2rad(30) # graus
#    Propriedades dos materiais
peso_unitário = 18 # kNZm^3
```

```
coesão = 30 # kPa
ângulo_de_atrito = np.deg2rad(20) # graus
```

Calcular as forças que actuam no declive:

pitão

Copiar código

```
# Calcular a força normal
força_normal = peso_unidade * altura_declive
# Calcular a força motriz
driving_force = normal_force * np.sin(slope_angle)
# Calcular a força de resistência
força_resistente = coesão + força_normal * np.cos(ângulo_de_declive) * np.tan(ângulo_de_atrito)
```

Verificar o fator de segurança (FoS) utilizando o método do equilíbrio limite:

pitão

Copiar código

```
# Calcular o fator de segurança
FoS = força de resistência / força motriz
# Verificar se o declive é estável
se FoS > 1:
print("O declive é estável.")
e mais:
print("O declive é instável.")
```

Traçar o envelope de falha de Mohr-Coulomb (opcional):

pitão

Copiar código

```
# Gerar valores de tensão
tensão_normal = np.linspace(0, 500, 100)
tensão de cisalhamento = coesão + tensão normal * np.tan(ângulo de atrito)
# Traçar a envolvente de falha de Mohr-Coulomb
plt.plot(tensão_normal, tensão_de_cisalhamento, label='Mohr-Coulomb')
plt.xlabel('Tensão normal (kPa)') plt.ylabel('Tensão de cisalhamento (kPa)')
plt.title('Envelope de falha de Mohr-Coulomb') plt.legend()
plt.grid(Verdadeiro)
plt.show()
```

Os procedimentos listados acima podem ser utilizados como ponto de partida para a análise de estabilidade de taludes em Python. Para obter resultados precisos, certifique-se de que introduz os valores corretos para a geometria do talude e para os atributos do material. Além disso, é possível desenvolver este código para incluir técnicas de análise mais sofisticadas ou efetuar cálculos geotécnicos adicionais, conforme necessário.

Conceção de fundações e análise de assentamentos com python

Actividades de engenharia tão complicadas como o projeto de fundações e a análise de assentamentos requerem formação e equipamento especializados. Não existe uma biblioteca integrada em Python que seja dedicada ao projeto de fundações e à análise de assentamentos, apesar da flexibilidade da linguagem informática e da sua capacidade de ser utilizada para uma variedade de aplicações de engenharia.

A linguagem Python pode, no entanto, ser utilizada para construir técnicas numéricas e algoritmos que são frequentemente utilizados na análise de assentamentos e no projeto de fundações. Os procedimentos seguintes podem ser utilizados para efetuar uma análise fundamental de assentamentos em Python:

Importar as bibliotecas relativas: Comece por importar as bibliotecas necessárias, como a Matplotlib e a NumPy, que são utilizadas para a criação de gráficos e cálculos numéricos, respetivamente.

pitão

Copiar código

importar numpy as np

importar matplotlib.pyplot as plt

Definir as propriedades do solo: Devem ser incluídos os parâmetros do solo necessários para a análise de assentamento, incluindo o índice de vazios inicial (e0), o módulo do solo (E) e o coeficiente de compressibilidade do volume (mv).

pitão

Copiar código

E = 1000 # Módulo de elasticidade do solo em kNZm^2

mv = 0,0003 # Coeficiente de compressibilidade do volume em m^2ZkN

e0 = 0,8 # Rácio de vazios inicial

Definir a carga e as dimensões: Determinar a carga que actua sobre a fundação e as dimensões da fundação.

pitão

Copiar código

load = 1000 # Carga aplicada em kN

largura = 5 # Largura da fundação em metros

comprimento = 5 # Comprimento da fundação em metros

Calcular o assentamento: Calcular o assentamento utilizando equações de assentamento pertinentes, tais como a teoria de consolidação 1D de Terzaghi.

pitão

Copiar código

tempo = np.linspace(0, 1000, 100) # Tempo em dias

delta_sigma = carga / (largura * comprimento) # Incremento efetivo de tensão

Calcular o assentamento utilizando a equação de Terzaghi

liquidação = (delta_sigma * mv * np.log(1 + tempo)) / (1 + e0)

Traçar a curva de assentamento: Visualize o assentamento ao longo do tempo utilizando um gráfico de linhas. python

Copiar código

plt.plot(time, settlement)

plt.xlabel('Tempo (dias)')

plt.ylabel('Liquidação (mm)')

plt.title('Análise de liquidação')

plt.grid(Verdadeiro)

plt.show()

Tenha em atenção que o exemplo acima utiliza equações simplificadas para mostrar uma análise de assentamento fundamental. Aconselha-se a utilização de software especializado ou de um perito geotécnico que possa fornecer um estudo completo com base em dados específicos do local para um projeto de fundações e uma análise de assentamentos mais precisa e completa.

Além disso, várias ferramentas Python de terceiros, como "pysra" (Python Seismic Risk Analysis) e "Pile" (Python Interface to Linear Elasticity), fornecem capacidades de análise geotécnica mais sofisticadas. Para trabalhos mais especializados de conceção de fundações e análise de assentamentos, estas bibliotecas podem ser úteis.

Implementação de algoritmos de engenharia geotécnica em Python

O Python pode ser utilizado para implementar métodos de engenharia geotécnica utilizando uma variedade de bibliotecas e pacotes disponíveis para computação científica e análise numérica. Aqui está um exemplo de como usar Python para construir um algoritmo fundamental para calcular a capacidade de carga do solo:

python Copy code import math def bearing_capacity(phi, c, gamma, depth):

Calcula a capacidade de suporte do solo utilizando a equação de capacidade de suporte de Terzaghi.

\# Converter phi de graus para radianos

phi_rad = math.radians(phi)

\# Calcular o fator de capacidade de carga

Nc = (math.tan(math.radians(45 + phi / 2)))**2

\# Calcular a pressão efectiva da sobrecarga gamma_eff = gamma * profundidade

\# Calcular a capacidade de carga final

\# _u = Nc * c + 0,5 * gamma_eff * profundidade * math.tan(phi_rad)

retornar q_u

\# Exemplo de utilização

phi = 30 # Ângulo de atrito interno em graus

c = 10 # Coesão em kPa

gamma = 18 # Peso unitário do solo em kN/m3

profundidade = 5 # Profundidade da fundação em metros

q_u = capacidade de carga(phi, c, gamma, profundidade)

print("A capacidade de carga última é", q_u, "kPa")

A equação de capacidade de suporte de Terzaghi, que é frequentemente utilizada em engenharia geotécnica, é implementada neste exemplo através da função bearin g_capacity. Determina a capacidade de carga final (q_u) em kPa utilizando os parâmetros do solo, tais como o ângulo de atrito interno (phi), a coesão (c), o peso unitário do solo (gama) e a profundidade da fundação (profundidade).

Para cálculos mais complexos, análise numérica e visualização de dados geotécnicos, pode utilizar outras bibliotecas como NumPy, SciPy ou matplotlib, ou pode expandir este exemplo para implementar outros procedimentos de engenharia geotécnica.

## Capítulo 5

Engenharia hidráulica e dos recursos hídricos em python

Os sistemas ligados ao transporte e à gestão da água são analisados e projectados no âmbito da engenharia hidráulica e dos recursos hídricos. A análise de dados, a modelação numérica e a visualização são apenas algumas das actividades que podem ser realizadas nesta disciplina utilizando a potente linguagem informática Python. Eis algumas áreas cruciais da engenharia hidráulica e de recursos hídricos em que o Python pode ser utilizado:

A análise e manipulação de dados são duas utilizações comuns das muitas bibliotecas que Python oferece, incluindo NumPy, Pandas e Matplotlib. Pode importar, processar e analisar conjuntos de dados consideráveis relativos a recursos hídricos, dados hidrológicos e parâmetros hidráulicos com estas bibliotecas...

Modelação numérica: O Python é frequentemente utilizado na engenharia hidráulica e de recursos hídricos para modelação e simulação numérica. Utilizando bibliotecas Python como SciPy e FEniCS, é possível implementar a integração de métodos numéricos como diferenças finitas, elementos finitos e abordagens de volumes finitos. Estas bibliotecas incluem capacidades para a otimização de sistemas hidráulicos e a solução de equações diferenciais...

A utilização de Sistemas de Informação Geográfica (SIG) é essencial na engenharia dos recursos hídricos. Para trabalhar com dados geográficos, efetuar análises espaciais e apresentar os resultados, Python inclui bibliotecas como GDAL, Fiona e Shapely. A análise hidrológica digital é possível: O Python pode ser utilizado para efetuar análises hidrológicas, incluindo o encaminhamento de caudais, a previsão de cheias e a modelação da precipitação. Pode criar análises e fluxos de trabalho únicos, interagindo com modelos hidrológicos bem conhecidos com bibliotecas como HEC-HMSpy e PyHSPF.

SIG e análise espacial - extrair os limites das bacias hidrográficas, estudar as correlações espaciais entre vários elementos relacionados com a água e utilizar modelos de elevação (DEM) SIG e análise espacial - extrair os limites das bacias hidrográficas, estudar as correlações espaciais entre vários elementos relacionados com a água e utilizar modelos de elevação (DEM).

O Python tem uma série de bibliotecas de otimização, incluindo PuLP, Pyomo e scipy.optimize, que podem ser utilizadas para conceber e abordar questões de otimização no domínio da engenharia de recursos hídricos. Estas bibliotecas apoiam a criação de redes de distribuição de água, a melhoria do desempenho de bombas e a gestão de sistemas de reservatórios...

Visualização: Pode criar gráficos e mapas úteis utilizando os pacotes de visualização de dados do Python, como o Matplotlib, o Plotly e o Seaborn. Quando se apresentam e partilham os resultados de investigações sobre recursos hidráulicos e hídricos, a visualização é essencial.

Vale a pena mencionar que, embora Python seja uma linguagem versátil para análise e modelação de dados, também é comum utilizar software especializado e ferramentas desenvolvidas especificamente para tarefas de engenharia hidráulica e de recursos hídricos, como HEC-RAS, EPANET e SwMm. Estas ferramentas podem oferecer funcionalidades e interfaces mais especializadas para aplicações específicas. No entanto, o Python pode ser utilizado juntamente com estas ferramentas para alargar as suas capacidades ou automatizar determinados processos.

Processamento e análise de dados hidrológicos

A manipulação e interpretação de dados relativos aos recursos hídricos, como a precipitação, o caudal, os níveis de água subterrânea e os índices de qualidade da água, fazem parte do processamento e análise de dados hidrológicos. A compreensão e gestão dos recursos hídricos, a previsão de cheias e secas, a determinação da disponibilidade de água e o desenvolvimento de planos e decisões bem informados sobre a gestão da água dependem desta informação.

Seguem-se as principais etapas do tratamento e da análise dos dados hidrológicos:

São utilizados sensores de qualidade da água, estações meteorológicas, medidores de caudal, poços de monitorização de águas subterrâneas e outros dispositivos para recolher dados hidrológicos. Podem ser utilizados dados em tempo real ou registos do passado para recolher a informação.

Controlo da qualidade dos dados: É crucial confirmar a exatidão e a fiabilidade dos dados antes de os analisar. Para tal, é necessário inspecionar o conjunto de dados para detetar valores atípicos, lacunas, erros e inconsistências. Os pontos de dados suspeitos podem ser marcados para investigação adicional ou eliminados se forem considerados falsos.

Preparação dos dados: Depois de confirmada a exatidão dos dados, podem ser utilizadas técnicas de pré-processamento para preparar os dados para análise. Isto pode envolver a conversão de unidades, se necessário, a agregação ou desagregação de dados para corresponder às escalas temporais desejadas e a interpolação de dados para preencher lacunas.

A análise de dados hidrológicos recorre frequentemente a técnicas estatísticas. As estatísticas descritivas que revelam a tendência central e a variabilidade dos dados incluem a média, a mediana, o desvio padrão e os percentis. Os padrões e periodicidades podem ser encontrados utilizando técnicas de análise de séries temporais como a autocorrelação e a análise espetral.

Os processos hidrológicos que ocorrem numa bacia hidrográfica ou numa região de captação são representados matematicamente por modelos hidrológicos. Estas simulações descrevem a forma como a água se move através de uma variedade de processos, como a precipitação, a evapotranspiração, o escoamento superficial e o fluxo de águas subterrâneas. Os modelos podem ser utilizados para compreender o comportamento do sistema hidrológico e criar previsões através da sua validação e calibração com base em dados observados.

Visualização de dados: Para apresentar os dados processados de uma forma compreensível, são utilizadas técnicas de visualização de dados. Estas incluem gráficos, quadros, mapas e representações espaciais. Para uma melhor compreensão dos processos hidrológicos e para ajudar na tomada de decisões, as visualizações podem ser utilizadas para detetar tendências, padrões geográficos e anomalias.

Interpretação e tomada de decisões: A etapa final envolve a análise dos resultados da análise de dados e a sua aplicação para informar os processos de tomada de decisão. Isto pode envolver o planeamento de infra-estruturas, previsões de cheias, mitigação de secas e métodos de gestão de recursos hídricos.

É importante notar que o processamento e a análise de dados hidrológicos podem ser complexos, e são frequentemente utilizadas ferramentas de software especializadas e linguagens de programação como MATLAB, R, Python ou software hidrológico especializado como HEC-HMS, SWMM ou MODFLOW para facilitar estas tarefas. Além disso, os conhecimentos em hidrologia, estatística e análise de dados são valiosos para uma interpretação exacta e uma tomada de decisões eficaz.

Simulações de escoamento e modelação de cheias com python

As aplicações nos domínios da hidrologia e da engenharia hidráulica incluem simulações de caudais e modelação de cheias. Existem muitos módulos e ferramentas disponíveis em Python que podem ser utilizados para modelar inundações e simular caudais. Os seguintes pacotes e métodos Python são frequentemente utilizados para estas utilizações:

O NumPy é um pacote Python essencial para a computação científica. Para o processamento de dados e cálculos numéricos em simulações de fluxo e modelação de inundações, oferece objectos de matriz multidimensional e funções matemáticas.

O Matplotlib é um pacote de plotagem que pode ser utilizado para mostrar dados, tais como mapas de inundações e resultados de simulações. Oferece uma enorme seleção de tipos de gráficos e possibilidades de personalização.

Pandas: O Pandas é uma biblioteca robusta de análise de dados em Python. Para organizar e analisar enormes conjuntos de dados para simulações de fluxo e modelação de cheias, oferece estruturas de dados como DataFrames.

Para além do NumPy, o SciPy é uma biblioteca para computação científica. Para apoiar simulações de fluxo e modelação de inundações, oferece uma variedade de módulos para integração numérica, otimização, interpolação e outros cálculos científicos.

Controlador HEC-RAS (pyras): O HEC-RAS é um programa popular para análise de planícies aluviais e modelação hidráulica. O pacote "pyras" do Python permite o controlo programático de simulações HEC-RAS. Oferece ferramentas para configurar simulações, executar simulações e recolher resultados.

OpenFOAM: O OpenFOAM é um pacote de software de código aberto para a dinâmica de fluidos computacional (CFD). Pode ser utilizado para simulações avançadas de escoamento, incluindo a modelação de escoamentos complexos e a interação entre a água e as estruturas. O OpenFOAM tem uma interface Python, que permite controlar as simulações e analisar os resultados utilizando scripts Python.

Software MIKE by DHI: MIKE by DHI é uma coleção de ferramentas para a gestão e modelação de recursos hídricos. Tem módulos para modelar inundações, fazer simulações de caudal e outras utilizações hidrológicas e hidráulicas. Para integrar o software MIKE com operações Python, o MIKE SDK (Software Development Kit) oferece uma interface Python...

As bibliotecas e ferramentas disponíveis em Python para simulações de escoamento e modelação de cheias são apenas alguns exemplos. Poderá ser necessário investigar bibliotecas ou metodologias adicionais, dependendo dos seus requisitos individuais e da complexidade do seu modelo. Também é importante notar que, dependendo das suas necessidades, existem bibliotecas e estruturas específicas do domínio de modelação de cheias, como o TUFLOW e o HEC-FDA.

Análise da rede de distribuição de água com python

Os algoritmos da teoria dos grafos são normalmente utilizados na análise de redes de distribuição de água em Python para modelar e analisar a topologia da rede, simulações hidráulicas para determinar caudais e pressões e métodos de otimização para melhorar o desempenho da rede. Usando Python, as seguintes etapas estão envolvidas na análise de uma rede de distribuição de água:

Representação da rede: Representar a rede de distribuição de água como uma estrutura de dados gráfica, onde os tubos são representados como arestas e as junções como nós. Pode utilizar bibliotecas como NetworkX para criar e manipular grafos em Python.

Topologia da rede: Descreva a conetividade entre tubos e junções para definir a topologia da rede. Utilizando o NetworkX, pode expandir as arestas e os nós do gráfico de acordo com a representação da sua rede...

Calcular caudais, pressões e outras caraterísticas hidráulicas na rede através da execução de simulações hidráulicas. O método Hardy-Cross ou as suas variações são a técnica mais utilizada para a análise hidráulica. As simulações hidráulicas podem ser efectuadas utilizando bibliotecas como a EPANET, que inclui ligações Python.

Otimização: É possível aplicar técnicas de otimização para melhorar a disposição ou a funcionalidade da rede. Encontrar os melhores tamanhos de tubos, posições de bombas ou procedimentos operacionais pode ajudar a reduzir despesas ou aumentar a eficiência. Para questões de otimização, podem ser utilizadas bibliotecas como SciPy ou Pyomo.

Utilizando estruturas de visualização de gráficos, como o NetworkX, Matplotlib ou Plotly, visualize a rede e os resultados do estudo. Isto pode ajudá-lo a compreender a estrutura da rede e a comunicar eficazmente os resultados...

É fundamental lembrar que fazer uma análise de engenharia completa de uma rede de distribuição de água requer conhecimentos especializados e questões técnicas complexas. Embora o Python seja uma ferramenta potente para o estudo, é aconselhável falar com especialistas na matéria e utilizar ferramentas actuais como o EPANET para garantir resultados completos e precisos.

Alguns programas técnicos para análise de redes de distribuição de água com python

O Python pode ser utilizado com uma série de módulos e ferramentas para efetuar a análise da rede de distribuição de água. O NetworkX, que oferece a capacidade de conceber, alterar e analisar a estrutura e as caraterísticas de redes complicadas, é uma biblioteca bem conhecida para a análise de redes. Segue-se uma ilustração de como analisar uma rede de distribuição de água utilizando o NetworkX:

Instalar o NetworkX:

Copiar código pip install networkx Importar as bibliotecas necessárias: python
Copiar código
importar networkx como nx

importar matplotlib.pyplot as plt
Criar um gráfico:
pitão
Copiar código
G = nx.Graph()
Adicionar nós e arestas ao grafo: python
Copiar código
G.add_node("Nó 1")
G.add_node("Nó 2")
G.add_edge("Nó 1", "Nó 2", peso=10)
Visualize o gráfico:
pitão
Copiar código
nx.draw(G, WithJabels=True)
plt.show()
Analisar as propriedades da rede:
pitão
Copiar código
# Calcular o caminho mais curto entre dois nós shortest_path = nx.shortest_path(G, "Nó 1", "Nó 2")
# Calcular o comprimento do caminho mais curto
shortest_path_length = nx.shortest_path_length(G, "Nó 1", "Nó 2")
# Calcular a centralidade de intermediação dos nós intermediação_centralidade = nx.intermediação_centralidade(G)
# Calcular a centralidade do grau dos nós grau_centralidade = nx.grau_centralidade(G)
Este é um exemplo simples para começar a utilizar o NetworkX para a análise da rede de distribuição de água. Poderá ser necessário investigar bibliotecas ou ferramentas adicionais, como o Pandas para manipulação de dados ou o EPANET para análise hidráulica, dependendo das suas necessidades analíticas específicas.

Modelação da precipitação e do escoamento superficial utilizando bibliotecas Python

A simulação da conversão da precipitação em caudal é um processo sofisticado denominado "modelação da precipitação-escoamento". Embora existam muitas bibliotecas Python para modelação hidrológica, o Hydrologic Modeling System (HEC-HMS) do Hydrologic Engineering Center é uma das mais utilizadas. O HEC-HMS não é uma biblioteca Python, mas sim um programa de software autónomo.
PyTOPKAPI: PyTOPKAPI é uma biblioteca Python que fornece ferramentas para o modelo hidrológico TOPographic Kinematic wave APproximation and Integration (TOPKAPI). Permite simular o processo de precipitação e analisar vários processos hidrológicos PyHSPF: PyHSPF Se procura especificamente bibliotecas Python para modelação hidrológica e precipitação é uma biblioteca Python para simular e analisar modelos do Programa de Simulação Hidrológica em Fortran (HSPF). O HSPF é um modelo abrangente de bacia hidrográfica que pode simular o ciclo hidrológico completo, incluindo o processo de precipitação-escoamento HydroPy:

HydroPy é uma biblioteca Python que fornece várias funções para análise e modelação hidrológica. Inclui capacidades de modelação da precipitação-escoamento, análise da frequência de cheias e processamento de dados hidrológicos.

PyMODI: PyMODI é uma biblioteca Python para modelagem e análise hidrológica. Fornece ferramentas para modelagem de chuva e escoamento, análise de balanço hídrico e simulação de fluxo de água

PyMC: PyMC é uma biblioteca de programação probabilística em Python que pode ser utilizada para modelação da precipitação e do escoamento superficial utilizando a inferência Bayesiana. Permite definir e simular modelos probabilísticos, que podem ser úteis para a análise de incertezas em modelação hidrológica.

Estas bibliotecas oferecem diferentes funcionalidades e abordagens de modelação, pelo que pode escolher a que melhor se adequa às suas necessidades e requisitos específicos. Não se esqueça de consultar a respectiva documentação e os exemplos fornecidos por cada biblioteca para compreender como utilizá-las eficazmente para a modelação da precipitação e do escoamento superficial.

## Capítulo 6

Engenharia de transportes e análise de tráfego com Python

O ecossistema robusto de módulos e ferramentas do Python torna possível a execução eficiente da engenharia de transportes e da análise de tráfego. O Python é uma escolha popular entre os especialistas em transportes porque oferece uma grande variedade de bibliotecas para manipulação, análise e visualização de dados. Seguem-se algumas ferramentas e métodos essenciais que pode utilizar em projectos que envolvam análise de tráfego e engenharia de transportes:

O Pandas é um potente pacote de análise e manipulação de dados. Fornece estruturas de dados como DataFrames que são perfeitas para gerir dados de transportes como números de tráfego, tempos de viagem e especificações de veículos. O Pandas oferece ferramentas para agregar, limpar, filtrar e fundir dados...

NumPy: O NumPy é um pacote Python essencial para cálculos numéricos. São suportadas matrizes multidimensionais e operações matemáticas. Para operações numéricas em dados de transporte, incluindo o cálculo de médias, desvios padrão ou percentis, pode utilizar o NumPy.

Matplotlib e Seaborn: Seaborn é um kit de ferramentas de plotagem baseado em Matplotlib que oferece mais recursos para visualização estatística. Matplotlib é uma biblioteca de plotagem bem conhecida. Pode criar vários tipos de gráficos com estas bibliotecas, tais como gráficos de linhas, gráficos de dispersão, histogramas e mapas de calor, que são excelentes para apresentar padrões de tráfego e resultados de análises.

NetworkX: NetworkX é uma biblioteca Python usada para pesquisar a composição, a dinâmica e os objectivos de redes complicadas. A modelação e análise de redes de transportes, incluindo redes rodoviárias ou sistemas de transportes públicos, são facilitadas com a sua ajuda. Para análise de rede, roteamento e cálculos de centralidade, o NetworkX oferece algoritmos.

SciPy: A biblioteca de computação científica SciPy fornece uma grande seleção de algoritmos numéricos e utilitários. Tem componentes para processamento de sinais, integração, interpolação e otimização. Por exemplo, a otimização da temporização dos sinais de trânsito ou a modelação do fluxo de tráfego são duas questões em que o SciPy pode ajudar.

Geopandas: O Geopandas expande a capacidade do Pandas de trabalhar com dados espaciais. É possível criar mapas, executar operações espaciais e trabalhar com conjuntos de dados geoespaciais. O Geopandas é útil para avaliar dados de transporte relacionados com o espaço, tais como planeamento de rotas ou contagens de tráfego em locais específicos.

APIs para OpenStreetMap (OSM) Uma base de dados de mapas de código aberto chamada OpenStreetMap oferece APIs para aceder e consultar dados de mapas. Pode obter dados da rede de ruas, calcular métricas de rede, extrair segmentos de estrada específicos e visualizar redes de transportes com base em dados OSM utilizando pacotes Python como osmnx.

Bibliotecas de aprendizagem automática: O Python tem várias bibliotecas de aprendizagem automática, como o scikit-learn e o TensorFlow, que podem ser utilizadas para previsão de tráfego, previsão de procura ou deteção de anomalias.

Estas bibliotecas oferecem algoritmos para regressão, agrupamento, análise de séries temporais e redes neurais, permitindo-lhe criar modelos de previsão com base em dados de transporte.

Estes são apenas alguns exemplos de bibliotecas Python que podem ser aplicadas à análise de tráfego e à engenharia de transportes. Poderão existir outras bibliotecas ou métodos que sejam mais adequados para si, dependendo das suas necessidades individuais. O Python é uma ferramenta eficaz para muitas actividades relacionadas com os transportes devido à sua adaptabilidade e ao seu vasto ecossistema.

Análise e simulação de fluxos de tráfego com python

O planeamento e a engenharia dos transportes envolvem frequentemente a simulação e a análise dos fluxos de tráfego. Para a análise e simulação de fluxos de tráfego, Python oferece uma série de módulos e ferramentas. Pode utilizar as seguintes bibliotecas e métodos populares:

SUMO (Simulação da Mobilidade Urbana): A simulação de redes de tráfego extensas é possível com o SUMO, uma potente ferramenta de simulação de tráfego de código aberto. Para gerir e interagir com a simulação, oferece uma API Python. O formato SUMO baseado em XML permite-lhe especificar a rede rodoviária, a procura de tráfego e as tácticas de controlo. O SUMO também fornece numerosas ferramentas para visualizar e analisar o fluxo de tráfego...

NetworkX é um conjunto de ferramentas Python para construir, modificar e investigar a composição, dinâmica e objectivos de redes complicadas. Oferece recursos para efetuar análises de redes, especialmente as de sistemas rodoviários. O NetworkX pode ser utilizado para examinar as caraterísticas da rede, como a conetividade, os caminhos mais curtos, as pontuações de centralidade e as caraterísticas do fluxo de tráfego.

Pandas: O Pandas é uma biblioteca robusta de análise de dados em Python. Fornece ferramentas para análise de dados e estruturas de dados de alto desempenho. Os dados sobre o volume, a duração e a velocidade do tráfego podem ser processados e analisados com Pandas. Para a análise do fluxo de tráfego, o Pandas também fornece uma gama de caraterísticas estatísticas e gráficas.

SimPy: O SimPy é uma estrutura baseada em Python para simulação de eventos discretos baseada em processos. Oferece uma abordagem fácil para simular e modelar muitos sistemas, incluindo o fluxo de tráfego. O SimPy pode ser utilizado para modelar o congestionamento do tráfego, simular veículos individuais ou agentes que se deslocam através de uma rede e avaliar os efeitos de várias técnicas de gestão do tráfego.

TensorFlow e Keras: Se estiver interessado em utilizar métodos de aprendizagem automática para a análise do fluxo de tráfego, estas duas bibliotecas importantes para criar e treinar redes neurais são o TensorFlow e o Keras. Podem ser utilizadas na criação de modelos preditivos para a previsão, deteção e otimização do tráfego.

Estas são apenas algumas ilustrações das bibliotecas e ferramentas oferecidas pelo Python para simulação e análise do fluxo de tráfego. Poderá ser necessário combinar muitas bibliotecas ou procurar pacotes mais especializados, consoante as necessidades individuais e a complexidade do estudo.

Otimização de sinais de trânsito com Python

A alteração dinâmica dos tempos dos sinais para otimizar o fluxo de tráfego e reduzir o congestionamento é um problema complexo conhecido como otimização dos sinais de trânsito. Embora existam muitos métodos e técnicas diferentes para otimizar os sinais de trânsito, um método amplamente utilizado é o controlo de sinais de trânsito baseado em modelos de fluxo de trânsito. Para começar, vou dar um exemplo simples em Python.

Tenha em conta que esta é uma ilustração simplificada para fins didácticos e que a otimização real dos sinais de trânsito exige métodos, análises e preocupações mais sofisticados.

Em primeiro lugar, vamos definir uma intersecção de tráfego simples com quatro sinais para as direcções Norte-Sul (NS) e Este-Oeste (EW). Para cada direção, vamos supor que temos acesso a informação de tráfego em tempo real, como o número de veículos em fila de espera ou o comprimento da fila típica.

Um exemplo de implementação utilizando uma abordagem simples baseada em regras:

pitão

Tempo de importação do código de cópia

def optimize_traffic_signals():

green_time = 30 # Tempo inicial de verde para cada direção em segundos while True:

\#   Medir os dados de tráfego para cada direção (substituir pela recolha de dados reais) ns_traffic = measure_traffic('NS') ew_traffic = measure_traffic('EW')

\#   Ajustar os tempos de verde com base nos dados de tráfego

se ns_traffic > ew_traffic:

tempo_verde -= 5

e mais:

tempo_verde += 5

\#   Garantir que o tempo verde está dentro de um determinado intervalo green_time = max(10, min(60, green_time))

\#   Definir os tempos dos sinais

set_signal_timings(green_time)

time.sleep(10) # Espera 10 segundos antes de otimizar novamente

def measure_traffic(direção):

\#   Função simulada para medir o tráfego (substituir pela recolha de dados reais)

\#   Pode utilizar sensores, câmaras ou outras fontes de dados para obter informações sobre o trânsito

\#   Devolve um valor que indica o nível de tráfego para a direção indicada

se a direção == "NS":

return 50 # Valor de amostra, mais alto significa mais tráfego

elif direção == "EW":

return 40 # Valor de amostra, maior significa mais tráfego

def set_signal_timings(green_time):

\#   Função simulada para definir os tempos dos sinais (substituir pela aplicação efectiva)

\#   Utilizar o valor green_time para ajustar a temporização dos sinais de trânsito

print(f "Definir o tempo de verde para {green_time} segundos para as direcções NS e EW")
# Iniciar a otimização dos sinais de trânsito optimize_traffic_signals()
A função optimize_traffic_signals nesta ilustração é repetida indefinidamente. Ela coleta dados de tráfego para ambas as direções NS e EW, compara o volume de tráfego e então modifica o tempo de verde. A técnica de recolha de dados reais é representada pela função measure_traffic, enquanto o mecanismo de controlo de sinais é representado pela função set_signal_timings.

A definição inicial do tempo de verde é de 30 segundos e é alterada consoante o volume de tráfego. O tempo de verde é reduzido quando o tráfego NS é mais elevado e aumentado quando o tráfego EW é mais elevado. O tempo de verde é, portanto, limitado, neste caso, a um intervalo de 10 a 60 segundos. As temporizações dos sinais são definidas após a alteração do tempo de verde.

Tenha em conta que este é apenas um exemplo simples e que a otimização real dos sinais de trânsito exige algoritmos mais complexos, como a aprendizagem por reforço ou métodos baseados em modelos matemáticos. Também é necessário ter acesso a informações de tráfego actualizadas e um sistema de controlo adequado para alterar os sinais.

Além disso, poderá ser necessário ter em conta aspectos como os padrões de tráfego anteriores, os fluxos de peões, os movimentos de viragem e a cooperação com os cruzamentos próximos para uma implementação mais sofisticada.

Para uma solução de otimização de sinais de trânsito bem sucedida, não se esqueça de modificar o exemplo de acordo com os seus próprios requisitos e de ter em conta a sua integração com os dados de tráfego reais e os sistemas de controlo.

Algoritmos de planeamento e otimização de rotas

Estão disponíveis em Python numerosos módulos e ferramentas para o planeamento de rotas e técnicas de otimização. Eis alguns exemplos bem conhecidos:

NetworkX: NetworkX é um potente conjunto de ferramentas Python para construir, modificar e pesquisar a composição, dinâmica e propósitos de redes complicadas. Possui funcionalidades para algoritmos baseados em grafos, incluindo os de cálculo do caminho mais curto, que são úteis para o planeamento de rotas.

osmnx: O OSMnx é um pacote Python que utiliza dados do OpenStreetMap para extrair, modelar, analisar e visualizar redes de ruas. Pode ser utilizado para realizar uma variedade de actividades de análise de rede, como cálculos de encaminhamento e de caminho mais curto, bem como para descarregar dados sobre a rede de ruas.

OR-Tools: A Google criou um grupo de ferramentas de otimização chamado OR-Tools. Oferece uma variedade de estratégias de otimização, incluindo o Problema do Caixeiro Viajante (TSP), o Problema de Encaminhamento de Veículos (VRP) e outros procedimentos de encaminhamento. É uma biblioteca eficaz para lidar com problemas difíceis de encaminhamento e otimização...

SciPy: Um conjunto de ferramentas Python para computação científica chamado SciPy oferece uma vasta gama de algoritmos de otimização. Contém ferramentas para resolver problemas de otimização, como a função minimizar para melhorar caminhos e rotas.

Pyomo: Pyomo é uma linguagem de modelação de código aberto, baseada em Python, para questões de otimização matemática que podem ser modeladas e resolvidas. Pode ser utilizada para tarefas como o planeamento e a otimização de rotas e suporta uma série de solucionadores de otimização.

Estas bibliotecas fornecem uma variedade de funções de planeamento e otimização de rotas. Pode selecionar a melhor biblioteca e algoritmo com base no problema específico que pretende resolver. Antes de utilizar as bibliotecas no seu código, não se esqueça de as instalar utilizando o gestor de pacotes Python pip.

Análise de dados de transportes para planeamento de infra-estruturas

O Python pode ser utilizado para analisar dados de transportes para o planeamento de infra-estruturas de várias formas, incluindo a recolha de dados, a limpeza, a exploração, a visualização e a modelação. Segue-se uma descrição do procedimento:

Recolha de dados: Recolher dados pertinentes sobre transportes a partir de uma variedade de fontes, incluindo bases de dados públicas, portais de dados abertos e fornecedores comerciais. Estes dados podem incluir informações sobre a quantidade de tráfego, os tempos de deslocação, o sistema rodoviário, a localização das rotas de transportes públicos, etc.

Limpeza dos dados: Os dados adquiridos devem ser pré-processados para eliminar quaisquer irregularidades, números em falta ou valores atípicos que possam distorcer a análise. Este processo pode envolver tarefas como a normalização dos dados, o tratamento de dados em falta e a resolução de problemas de qualidade dos dados.

Exploração de dados: Investigar o conjunto de dados para saber mais sobre as caraterísticas e tendências dos transportes. Utilizar técnicas estatísticas para resumir os dados e detetar tendências e padrões importantes, como as estatísticas descritivas. Para compreender as distribuições, relações e padrões espaciais, visualize os dados utilizando bibliotecas como Matplotlib ou Seaborn.

Engenharia de caraterísticas: Extrapolar ou extrair novas caraterísticas do conjunto de dados que possam ser úteis para o planeamento de infra-estruturas. Pode calcular os tempos de viagem típicos, os índices de congestionamento ou as métricas de conetividade entre vários nós de transporte, por exemplo.

Modelação e análise: Utilizar as ferramentas analíticas adequadas com os dados de transporte para resolver quaisquer questões ou problemas com o desenvolvimento de infra-estruturas. Dependendo do tipo de investigação, isto pode envolver análise de regressão, agrupamento, análise de rede ou modelos de otimização.

Visualização: Para explicar com êxito as conclusões da sua análise, utilize a visualização. Utilize ferramentas como Folium, Plotly ou Tableau para criar painéis, mapas, quadros e gráficos interactivos.

O Python fornece várias bibliotecas e ferramentas que podem ajudar na análise de dados de transportes, como o Pandas para manipulação de dados, o NumPy para cálculos numéricos, o Scikit-learn para modelos de aprendizagem automática, o NetworkX para análise de redes e o GeoPandas para processamento de dados geoespaciais.

É importante ter em conta que a análise de dados de transportes é um tema complicado e especializado e, com base nas necessidades específicas do seu projeto, poderá ser necessário aprofundar os conhecimentos específicos do domínio ou recorrer à ajuda de planeadores ou especialistas em transportes.

## Capítulo 7

Python para a gestão da construção e o planeamento de projectos

Devido aos seus muitos módulos de automatização, análise de dados e visualização, bem como à sua facilidade de utilização, Python pode ser uma ferramenta muito eficaz para a gestão da construção. Seguem-se alguns domínios de gestão da construção em que o Python pode ser utilizado:

Análise e visualização de dados:

Pode utilizar as ferramentas de análise de dados do Python, como o Pandas e o NumPy, para analisar dados sobre projectos de construção, incluindo calendários, despesas, atribuição de recursos e medidas de produtividade.

Para transmitir eficazmente o progresso e o desempenho do projeto, podem ser utilizados pacotes de visualização como o Matplotlib e o Seaborn para criar quadros, gráficos e gráficos informativos.

Planeamento e programação de projectos:

As ferramentas e os algoritmos para planeamento e calendarização de projectos, como o nivelamento de recursos, a análise do caminho crítico e a otimização do calendário, podem ser criados em Python.

Para modelar redes de construção e cálculos baseados em grafos, bibliotecas como a NetworkX podem ser úteis.

Modelação 3D e integração BIM (Building Information Modeling):

O Python pode ser utilizado para automatizar tarefas relacionadas com a modelação 3D e a extração, manipulação e análise de dados BIM. Bibliotecas como PyRevit e pyRevitMEP fornecem APIs para interagir com o Revit, um software BIM popular, para simplificar os fluxos de trabalho de construção.

Automatização e integração de dados:

O Python pode ser utilizado para automatizar operações relacionadas com a integração, limpeza e introdução de dados, o que pode reduzir as taxas de erro manual e aumentar a exatidão dos dados.

Os dados podem ser extraídos de uma variedade de fontes, incluindo preços de materiais, previsões meteorológicas e informações regulamentares, utilizando APIs e programas de recolha de dados da Web.

Controlo de qualidade e segurança:

O Python pode ajudar no desenvolvimento de algoritmos que examinam os dados do controlo de qualidade da construção, encontram falhas e fazem soar um alarme quando é necessário fazer alguma coisa.

A segurança nos estaleiros de construção pode ser gerida de forma proactiva e os riscos de segurança podem ser previstos com a utilização de técnicas de aprendizagem automática.

Estimativa de custos e elaboração de orçamentos:

Para projectos de construção, Python pode ser utilizado para criar modelos de estimativa de custos, examinar dados de custos anteriores e produzir relatórios orçamentais.

Gestão de recursos:

Para garantir a utilização eficaz dos recursos disponíveis, a Python pode ajudar a otimizar a atribuição de recursos, incluindo mão de obra e equipamento.

Eficiência energética e sustentabilidade:

Python pode ser utilizado para examinar as tendências do consumo de energia e encontrar formas de tornar os projectos de construção mais amigos do ambiente.

Recorde-se que as utilizações específicas de Python na gestão da construção variam em função das necessidades e dificuldades específicas de cada projeto. Devido à sua adaptabilidade e à grande comunidade de utilizadores, o Python é uma excelente ferramenta para aumentar a produtividade, reduzir as despesas e melhorar o discernimento no sector da construção.

Programação de projectos utilizando bibliotecas Python

Uma das partes mais importantes da gestão de projectos é a calendarização, e o Python tem uma série de bibliotecas que facilitam a criação de calendarizações e a gestão de projectos com sucesso.

Duas bibliotecas Python populares para o agendamento de projectos são:

datetime: A biblioteca padrão do Python inclui o módulo datetime, que oferece classes para trabalhar com datas e horas. Embora não possua funcionalidades específicas para o planeamento de projectos, é necessário para gerir cálculos relacionados com o tempo e a aritmética de datas.

pandas: A gestão de dados de séries temporais e o planeamento de projectos podem ser realizados com a ajuda do pandas, uma potente biblioteca de manipulação de dados. É adequada para uma série de tarefas de calendarização de projectos porque oferece um forte apoio à gestão de datas, horas e durações.

Segue-se uma ilustração de como criar um calendário de projeto básico utilizando estas bibliotecas:

pitão

Copiar código

```python
importar pandas como pd
from datetime import datetime, timedelta
#    Definir tarefas e durações do projeto
tasks = ['Task 1', 'Task 2', 'Task 3', 'Task 4']
durações = [3, 5, 2, 4] # em dias
#    Calcular datas de fim de tarefa
start_date = datetime(2023, 7, 20) # Data de início do projeto
data_final = [data_inicial]
para duração em durações:
end_dates.append(end_dates[-1] + timedelta(days=duration))
#    Criar um DataFrame do pandas para o calendário
schedule_data = {'Task': tasks, 'Start Date': end_dates[:-1], 'End Date': end_dates[1:]} df_schedule = pd.DataFrame(schedule_data)
#    Calcular a duração das tarefas
df_schedule['Duration'] = df_schedule['End Date'] - df_schedule['Start Date']
#    Imprimir o calendário do projeto
print(df_schedule)
```

Utilizando a biblioteca pandas, este código irá gerar um calendário de projeto simples com nomes de tarefas, datas de início e fim e durações. Depois disso, pode utilizar este DataFrame para examinar o projeto, ver a linha de tempo e decidir a melhor forma de distribuir recursos e lidar com as dependências das tarefas.

Poderá querer utilizar bibliotecas especializadas de gestão de projectos como pandas-gantt para tarefas mais complicadas de agendamento e gestão de projectos, ou pode integrar Python com Jira ou Microsoft Project utilizando as respectivas APIs.

Estimativa de custos e orçamentação

A orçamentação e a estimativa de custos são componentes essenciais da gestão e do planeamento de projectos. Python fornece uma série de bibliotecas e ferramentas que podem tornar as tarefas de estimativa de custos e orçamentação mais eficazes. Algumas das principais bibliotecas e técnicas a considerar são

NumPy e Pandas: As principais bibliotecas Python para análise e manipulação de dados são Pandas e NumPy. Podem ser utilizadas para gerir e processar dados relacionados com os custos, incluindo elementos de custo, dados históricos de custos e outros dados pertinentes.

Scikit-learn: Uma conhecida biblioteca de aprendizagem automática chamada Scikit-learn tem vários algoritmos de regressão de estimativa de custos. A análise de regressão pode ser utilizada para modelar e prever as relações entre vários factores de custo.

Statsmodels: Statsmodels é outra biblioteca focada em modelos estatísticos que é comparável ao Scikit-learn. Oferece ferramentas para testar hipóteses e efetuar análises de regressão, que são úteis para estimar custos.

Matplotlib e Seaborn: Pode fazer visualizações utilizando estas bibliotecas para compreender melhor as distribuições, tendências e padrões de custos.

Openpyxl ou XlsxWriter: É possível que tenha de trabalhar com ficheiros Excel ao lidar com a orçamentação. Duas bibliotecas Python que permitem ler e escrever em ficheiros Excel chamam-se Openpyxl e XlsxWriter.

Esta é uma visão geral do processo de estimativa de custos e orçamentação do Python:

Recolha de dados: Compilar especificações do projeto, dados históricos sobre os custos e quaisquer outras informações pertinentes.

O pré-processamento de dados inclui a limpeza dos dados, o preenchimento de quaisquer valores em falta e a formatação dos dados para que possam ser analisados.

Análise Exploratória de Dados (EDA): Para visualizar os dados e compreender os padrões e relações de custos, utilize Seaborn e Matplotlib.

A engenharia de caraterísticas é o processo de localização e produção de caraterísticas pertinentes que apoiam a estimativa de custos.

Construção de modelos: Com base nos dados e nas caraterísticas, crie um modelo de estimativa de custos utilizando modelos de regressão do Statsmodels ou do Scikit-learn.

Avaliação do modelo: Utilizar métricas e métodos adequados, como a validação cruzada, para avaliar o desempenho do modelo de estimativa de custos.

Orçamentação e previsão: Elaborar orçamentos com base nas despesas estimadas, utilizando o modelo treinado para prever custos futuros.

Relatórios e visualizações: Utilizar relatórios e visualizações esclarecedores para transmitir as conclusões e a análise orçamental.

Tenha em conta que a orçamentação e a estimativa de custos são tarefas difíceis e que a adequação do modelo selecionado e a qualidade dos dados utilizados determinarão a exatidão dos resultados. Para interpretar os resultados e tomar decisões sensatas, também são necessários conhecimentos e experiência no domínio em que está a trabalhar.

Quando trabalhar em projectos deste tipo, tenha o cuidado de tratar com cuidado as informações financeiras sensíveis e siga os protocolos de privacidade e segurança dos dados.

Atribuição e otimização de recursos

Para obter resultados óptimos, os problemas de atribuição e otimização de recursos implicam a atribuição de recursos escassos a diferentes tarefas ou entidades. O Python fornece uma série de bibliotecas e ferramentas para resolver eficazmente essas questões. As seguintes bibliotecas e métodos são frequentemente utilizados para a afetação e otimização de recursos em Python:

SciPy e NumPy:

Estão disponíveis nestas bibliotecas fortes funções matemáticas e numéricas, que são úteis para uma variedade de problemas de otimização. Para problemas de otimização com e sem restrições, o SciPy oferece algoritmos de otimização como o scipy.optimize.minimize.

PuLP:

Pode definir e resolver problemas de programação linear com a PuLP, uma biblioteca de programação linear de código aberto para Python. Oferece uma interface fácil de utilizar para criar modelos de otimização que incluem funções de objetivo e restrições.

Uma biblioteca para problemas de otimização convexa chama-se CVXPY. Esta biblioteca gere a complexidade da resolução de problemas de otimização convexa e permite a expressão de problemas de otimização de uma forma mais legível e matematicamente intuitiva.

Pyomo é uma linguagem de modelação Python de código aberto para otimização. Suporta inúmeros problemas de otimização, tais como otimização dinâmica, não linear, mista e linear.

Computação evolutiva e algoritmos genéticos: Estas técnicas são aplicadas a problemas de otimização em que os métodos convencionais podem não ser adequados. A implementação destes algoritmos é facilitada por bibliotecas em Python, como a DEAP (Distributed Evolutionary Algorithms in Python).

Recozimento Simulado: O processo metalúrgico de recozimento serviu de modelo para a técnica de otimização metaheurística conhecida como "recozimento simulado". Os problemas que envolvem otimização combinatória podem ser resolvidos com esta técnica. Este algoritmo é implementado em SciPy usando a função scipy.optimize.dual_annealing.

Algoritmo Genético para Otimização Combinatória (GACO): GACO é uma biblioteca Python criada especialmente para utilizar algoritmos genéticos para resolver problemas de otimização combinatória. Funciona bem para problemas de afetação de recursos com variáveis discretas.

Google OR-Tools: Esta robusta biblioteca de código aberto oferece ferramentas para uma série de tarefas de investigação operacional (OR), tais como programação com restrições, problemas de encaminhamento de veículos e programação linear e inteira.

Para utilizar estas bibliotecas de forma eficaz, é necessário formular matematicamente o problema de atribuição de recursos e escolher a melhor estratégia de otimização com base nas caraterísticas do problema. Devido à sua adaptabilidade e ao vasto ecossistema de bibliotecas, o Python é uma opção fantástica para tarefas que envolvam a afetação e otimização de recursos. Antes de utilizar as bibliotecas necessárias em seus projetos Python, não se esqueça de instalá-las usando pip.

Análise de riscos e técnicas de tomada de decisões

As estratégias de tomada de decisão e a análise de risco são fundamentais para uma série de disciplinas, incluindo a gestão de projetos, negócios, finanças, entre outras. Python é uma linguagem de programação amplamente utilizada que possui um grande número de bibliotecas e ferramentas que são úteis para colocar essas estratégias em prática. Nesta resposta, descreverei alguns métodos populares de análise de risco e tomada de decisão, juntamente com algumas bibliotecas Python que podem ser usadas para colocá-los em prática.

Simulação de Monte Carlo: Este método probabilístico é utilizado para simular e avaliar a forma como o risco e a incerteza afectam as escolhas feitas durante o processo de tomada de decisão. O processo implica a execução de numerosas simulações através de amostragem aleatória, de modo a compreender o espetro de resultados potenciais e as probabilidades correspondentes.

Biblioteca Python: A biblioteca principal para computação científica em Python chama-se NumPy. Suporta funções matemáticas e geração de números aleatórios, ambos necessários para simulações de Monte Carlo.

Árvores de decisão: Quando se tomam decisões perante a incerteza, as árvores de decisão são uma ferramenta eficaz. Para ajudar a escolher o melhor curso de ação, constroem um modelo de decisões e os seus potenciais resultados que se assemelha a uma árvore.

Biblioteca Python: Os algoritmos de árvore de decisão são suportados pela conhecida biblioteca de aprendizagem automática Scikit-learn.

Análise Bayesiana: Com base em dados recentes, podemos rever os nossos pressupostos sobre ocorrências incertas utilizando esta técnica estatística. Quando se trabalha com dados esparsos e se incorpora conhecimentos anteriores, é especialmente útil.

Biblioteca Python: PyMC3 é uma biblioteca de programação probabilística que facilita a utilização da cadeia de Markov Monte Carlo (McMc) e da análise Bayesiana.

A análise de sensibilidade analisa a forma como as alterações às variáveis de entrada afectam os resultados de um modelo. É benéfico reconhecer variáveis importantes e compreender como as incertezas afectam os resultados das decisões.

Biblioteca Python: A Biblioteca de Análise de Sensibilidade, ou SALib, oferece uma série de técnicas de análise de sensibilidade que podem ser utilizadas com modelos Python.

Análise de decisão: Este método avalia os resultados possíveis de diferentes opções e escolhe a melhor, combinando vários instrumentos de decisão.

Biblioteca Python: A biblioteca de análise de decisão em Python oferece ferramentas de tomada de decisão, como a análise do valor da informação e árvores de decisão.

Técnicas de otimização: Tendo em conta uma série de restrições e objectivos, as técnicas de otimização ajudam a determinar a solução óptima para um determinado problema.

Bibliotecas Python: Duas bibliotecas Python que fornecem funcionalidades de programação linear e otimização são SciPy e PuLP.

Tenha em mente que as bibliotecas Python estão em constante evolução, e novas bibliotecas podem surgir depois que meu conhecimento expirar em setembro de 2021. Como resultado, ao trabalhar em projetos específicos, é sempre uma boa ideia procurar as bibliotecas e recursos mais recentes. Além disso, leia a documentação e os exemplos fornecidos por cada biblioteca para entender melhor seu uso e implementação.

## Capítulo 8

Sistemas de Informação Geográfica (SIG) e Deteção Remota com python

A Deteção Remota e os Sistemas de Informação Geográfica (SIG) são ferramentas poderosas para capturar, analisar e visualizar dados espaciais. A popularidade do Python na comunidade geoespacial aumentou devido à sua adaptabilidade e à disponibilidade de numerosas bibliotecas para tarefas de SIG e deteção remota. As seguintes bibliotecas Python são normalmente utilizadas para SIG e deteção remota: GDAL (Biblioteca de Abstração de Dados Geoespaciais): Uma biblioteca poderosa para ler, escrever e processar formatos de dados geoespaciais raster e vectoriais.

Baseada em GDAL, Fiona é uma biblioteca para manipulação de formatos de dados vectoriais.

O GeoPandas é uma extensão do Pandas que simplifica o tratamento de dados geoespaciais, incluindo a análise e a manipulação de dados vectoriais.

OGR: Dedicado a formatos de dados vectoriais, o OGR é um subconjunto da biblioteca GDAL. O Python pode ser utilizado para ler, escrever e manipular dados vectoriais.

Forma: Operações e manipulações geométricas em dados espaciais possibilitadas por esta biblioteca.

Uma biblioteca chamada Rasterio é utilizada para ler e escrever dados raster, ou imagens.

Pyproj: Uma biblioteca de transformação de coordenadas e projeção cartográfica.

Geopy: Geopy é uma biblioteca de manipulação de dados de geocodificação e geolocalização. Earth Engine API: processamento e análise de grandes quantidades de dados geoespaciais.

Usando JavaScript ou Python, o Google Earth Engine permite que as bibliotecas necessárias sejam instaladas antes de começar a usar o GIS e o sensoriamento remoto em Python. O método mais popular para fazer isso é usar o pip, o gerenciador de pacotes Python. Por exemplo, pode utilizar os seguintes comandos para instalar o Rasterio e o GeoPandas: bash

Copiar código

pip install geopandas

pip install rasterio

Depois de instalar as bibliotecas necessárias, pode efetuar uma série de operações geoespaciais, incluindo:

Carregamento e apresentação de dados espaciais: É possível ler e mostrar imagens raster, ficheiros shape e ficheiros GeoJSON.

Efetuar junções geoespaciais, transformações de dados e consultas espaciais para manipular dados espaciais.

Operações de rasterização: Efetuar operações em dados raster, incluindo reprojectar, cortar e utilizar álgebra raster.

A geocodificação é o processo de tradução de endereços em latitude e longitude, ou coordenadas geográficas, e vice-versa.

Análise de deteção remota: Utilizar métodos de processamento de imagens para obter dados de imagens de satélite, incluindo índices de vegetação, deteção de alterações e classificação da ocupação do solo.

Não se esqueça de que existem muitas utilizações para o SIG e a deteção remota, pelo que pode adaptar os seus scripts Python às suas necessidades específicas.

Pode consultar uma variedade de fontes, como estas, para ter acesso a determinados conjuntos de dados para fins práticos ou educativos:

Natural Earth (https://www.naturalearthdata.com/): Fornece dados vectoriais e raster gratuitos para todo o mundo.

USGS EarthExplorer (https://earthexplorer.usgs.gov/): Oferece acesso a uma vasta gama de imagens aéreas e de satélite.

Copernicus Open Access Hub (https://scihub.copernicus.eu/dhus): Fornece acesso gratuito aos dados do satélite Sentinel.

Para o ajudar a aprender Python GIS e deteção remota, está disponível online uma grande quantidade de tutoriais e recursos. Divirta-se a programar!

Análise e visualização de dados espaciais com python

Python oferece uma série de bibliotecas e ferramentas que podem ser utilizadas para a análise e visualização de dados espaciais. Eis algumas das mais conhecidas:

A manipulação de dados geoespaciais em Python requer o uso da biblioteca geopandas. Ela facilita a leitura, manipulação e análise de dados espaciais, expandindo a capacidade do Pandas de lidar com tipos de dados geométricos.

Folium: Folium é uma biblioteca que permite usar Leaflet.js para fazer mapas interativos em Python diretamente. A visualização de dados geoespaciais num mapa interativo é um ótimo caso de utilização.

Matplotlib e Seaborn são bibliotecas de plotagem Python de uso geral. Não foram concebidas especificamente para dados geoespaciais, mas podem ser utilizadas para criar visualizações estáticas, como mapas coropléticos e gráficos de dispersão.

Plotly: Plotly é uma biblioteca flexível que permite visualizações interactivas, tais como gráficos geoespaciais. Inclui caraterísticas como mapas de calor, mapas coropléticos e mapas de pontos.

Tanto o Basemap como o Cartopy são adequados para traçar mapas e dados espaciais. O Basemap é mais simples para mapas básicos, enquanto o Cartopy tem capacidades de cartografia mais avançadas.

Rasterio e GDAL: Rasterio e GDAL são bibliotecas poderosas para trabalhar com dados raster (por exemplo, imagens de satélite). Fornecem ferramentas para ler, escrever e processar conjuntos de dados raster.

Para começar com a análise e visualização de dados espaciais em Python, deve primeiro instalar as bibliotecas necessárias. Pode instalá-las com pip:

bash

Copiar código

```
pip install geopandas folium matplotlib seaborn plotly basemap cartopy rasterio gdal
```

Este é um exemplo básico de um mapa coroplético feito com Matplotlib e Geopandas:

pitão

Copiar código

```
importar geopandas como gpd
```

importar matplotlib.pyplot as plt
#   Ler o shapefile que contém os dados espaciais
shapefile_path = 'path_to_shapefile.shp'
gdf = gpd.read_file(shapefile_path)
#   Traçar o mapa coroplético
gdf.plot(column='column_to_visualize', cmap='OrRd', legend=True)
plt.title('Mapa Coroplético')
plt.show()

Não se esqueça de substituir 'path_to_shapefile.shp' pelo caminho real para o seu shapefile e 'column_to_visualize' pela coluna específica que pretende visualizar.

Este é apenas um exemplo simples para o ajudar a começar. Dependendo dos seus dados e requisitos, pode utilizar as outras bibliotecas mencionadas acima para efetuar análises de dados espaciais mais avançadas e criar visualizações interactivas.

Análise e visualização de dados espaciais

A análise e visualização de dados espaciais em Python pode ser realizada através da combinação de várias bibliotecas específicas de geoespacialização. Entre as bibliotecas mais populares para este fim estão:

A manipulação de dados geoespaciais em Python requer a utilização da biblioteca geopandas. Esta biblioteca facilita as operações espaciais e as consultas de atributos, expandindo as capacidades do Pandas para lidar com estruturas de dados espaciais como GeoDataFrames.

Matplotlib: Uma biblioteca de plotagem Python popular é a Matplotlib. Tarefas simples de visualização de dados espaciais, como a criação de mapas e gráficos estáticos, podem ser realizadas com ela.

Folium: Uma biblioteca Python baseada na biblioteca de mapeamento Leaflet JavaScript é chamada Folium. Com ela, é possível criar mapas interactivos que são executados em navegadores Web ou notebooks Jupyter.

Outra biblioteca importante para a visualização interactiva de dados, incluindo dados espaciais, é a Plotly. São suportados vários estilos de visualização, como gráficos de dispersão em mapas e mapas coropléticos.

Basemap: Embora já não seja suportado, o Basemap era uma ferramenta popular para produzir mapas estáticos que eram adequados para publicação. Cartopy, uma biblioteca para projecções cartográficas e visualização de dados geoespaciais, tomou o seu lugar.

Cartopy: O Cartopy destina-se a projecções cartográficas e à visualização de dados geográficos. A criação de mapas e outras visualizações geográficas é uma utilização comum.

Shapely: O Shapely é uma biblioteca de manipulação e análise de objectos geométricos que inclui polígonos, pontos e linhas. Com ela podem ser efectuadas operações espaciais mais complexas em conjunto com o Geopandas.

Para começar, é necessário instalar essas bibliotecas usando pip. Por exemplo:
Copiar código
pip install geopandas matplotlib folium plotly cartopy shapely
Depois de ter estas bibliotecas instaladas, pode carregar, analisar e visualizar dados

espaciais utilizando Python. Aqui está um exemplo básico para começar:
pitão
Copiar código
importar geopandas como gpd
importar matplotlib.pyplot as plt
Carregar dados espaciais data_path = 'path/to/your/spatial/data.shp' gdf = gpd.read_file(data_path)
Plotar os dados espaciais gdf.plot()
#
plt.show()
Neste exemplo, os seus dados espaciais serão representados de forma simples. Executando consultas espaciais, sobrepondo várias camadas, utilizando o Folium ou o Plotly para criar mapas interactivos e adicionando estilos únicos aos seus gráficos, pode efetuar uma exploração adicional.

Lembre-se que isto é apenas o início; pode utilizar Python para investigar muitos métodos mais sofisticados de análise e visualização de dados espaciais. Divirta-se a programar!

Cartografia e análise geoespacial em Python

Existem muitas bibliotecas e ferramentas disponíveis para Python que podem ser utilizadas para cartografia e análise geoespacial. Entre as mais populares encontram-se:

GeoPandas: GeoPandas é uma biblioteca Python crucial para lidar com dados geoespaciais. Adiciona suporte para estruturas e operações de dados espaciais à biblioteca Pandas. A GeoPandas é um excelente ponto de partida para a realização de análises geoespaciais, pois permite ler, escrever, manipular e visualizar dados geoespaciais.

Folium: Uma biblioteca Python que permite criar mapas de folhetos interactivos diretamente a partir de Python chama-se Folium. Torna simples a sobreposição de dados em mapas e a produção de visualizações interactivas baseadas na Web, uma vez que é compatível com Pandas e GeoPandas DataFrames.

Basemap (Matplotlib Toolkit): Basemap é um kit de ferramentas Matplotlib para plotar dados geoespaciais em mapas. No entanto, já não é desenvolvido ativamente e o Cartopy é a alternativa preferida.

Cartopy: Cartopy é mais um kit de ferramentas Matplotlib para visualização de dados geoespaciais. Suporta uma vasta gama de projecções e simplifica a representação de dados em mapas.

Shapely é uma biblioteca para efetuar operações geométricas e manipulações em geometrias. Pode ser utilizada para analisar e processar objectos geométricos individuais como pontos, linhas e polígonos.

Os modelos digitais de elevação (DEM) e as imagens de satélite são dois exemplos de tipos de dados raster que podem ser trabalhados com a biblioteca Rasterio. Esta permite-lhe efetuar diferentes operações de rasterização e ler e escrever dados de rasterização.

Geopy: Geopy é uma biblioteca para geocodificação reversa - que localiza endereços com base em coordenadas - e geocodificação, que converte endereços em coordenadas. É útil quando se lida com dados de localização que envolvem endereços ou coordenadas.

Pydeck: Pydeck é uma biblioteca de alto nível para fazer visualizações interactivas de mapas que é construída em cima do Deck.gl. É especialmente útil para exibir grandes quantidades de dados geoespaciais.

Para começar a utilizar estas bibliotecas, terá de as instalar utilizando pip: bash

Copiar código

pip install geopandas folium cartopy shapely rasterio geopy pydeck

Cada biblioteca tem o seu conjunto único de funcionalidades, e a melhor para o seu projeto depende das tarefas específicas que precisa de realizar. Quer se trate de visualização de dados, análise espacial ou trabalho com diferentes formatos de dados, as bibliotecas geoespaciais do Python fornecem um conjunto robusto de ferramentas para lidar com várias tarefas geoespaciais de forma eficiente.

Integração de aplicações SIG e de engenharia civil

Os Sistemas de Informação Geográfica (SIG) podem ser integrados em aplicações Python de engenharia civil para facilitar uma vasta gama de tarefas, como a análise ambiental, a conceção de infra-estruturas, o planeamento urbano e muito mais. Estão disponíveis inúmeras bibliotecas para Python que facilitam o trabalho com dados SIG e a sua incorporação em fluxos de trabalho de engenharia civil. Abordarei algumas bibliotecas Python cruciais e a forma de as utilizar com aplicações SIG e de engenharia civil:

Geopandas: Geopandas é uma biblioteca robusta que melhora a capacidade do Pandas de lidar com dados geográficos. Permite-lhe executar consultas baseadas em atributos, trabalhar com formatos de dados espaciais, como Shapefiles e GeoJSON, e efetuar operações geométricas. Os utilizadores Python podem agora carregar, manipular e analisar dados espaciais mais facilmente graças ao Geopandas.

Shapely: Geopandas e Shapely são bibliotecas complementares de manipulação geométrica. Oferece ferramentas para a realização de operações geométricas, tais como uniões, operações de buffer e intersecções em geometrias (pontos, linhas e polígonos). Para uma variedade de tarefas de engenharia civil de manipulação de geometria, esta biblioteca é indispensável.

Com a biblioteca Folium Python, os dados geoespaciais podem ser facilmente visualizados em mapas interactivos Leaflet. É útil para criar mapas baseados na Web, que são úteis para fornecer às partes interessadas uma apresentação interactiva e de fácil utilização dos dados e resultados de engenharia.

Trabalhar com dados raster geoespaciais, como elevação e imagens de satélite, é mais fácil com a biblioteca Rasterio. Os dados rasterizados podem ser lidos, escritos e processados com esta biblioteca, o que a torna útil para tarefas como cálculos de declives, modelação de inundações e análise de terrenos.

Pyproj: Pyproj é uma interface Python para a biblioteca PROJ que oferece conversão de sistemas de coordenadas e ferramentas de transformação geodésica. O Pyproj facilita o manuseamento de projecções e de vários sistemas de coordenadas, que são cruciais em aplicações de engenharia civil.

NetworkX: NetworkX é uma biblioteca de manipulação de gráficos e redes. Pode ser aplicada a tarefas de engenharia civil, como a conceção de redes de serviços públicos, a otimização de rotas e a análise de redes de transportes.

A Biblioteca de Abstração de Dados Geoespaciais, ou GDAL, é uma biblioteca robusta que pode ser utilizada para ler, escrever e processar dados geoespaciais numa variedade de formatos. Embora não seja nativa do Python, pode aceder à funcionalidade GDAL a partir do Python utilizando ligações (tais como os pacotes gdal e osgeo).

O Python fornece várias bibliotecas para aceder aos dados e APIs do OpenStreetMap, incluindo as bibliotecas do OpenStreetMap (OSM). Para projectos de engenharia civil que envolvam a utilização de terrenos, redes rodoviárias e outras tarefas de planeamento urbano, os dados OSM podem ser muito úteis.

A instalação destas bibliotecas utilizando o pip permitir-lhe-á começar a integrar aplicações SIG e de engenharia civil em Python:

Copiar código

```
pip install networkx gdal geopandas shapely folium rasterio pyproj
```

Depois de instalar as bibliotecas necessárias, pode utilizar scripts Python e notebooks Jupyter para realizar uma variedade de tarefas de engenharia civil, incluindo o carregamento, a análise e a visualização de dados geoespaciais. Pode encontrar uma tonelada de tutoriais e exemplos online que o orientam em diferentes casos de utilização e fluxos de trabalho. Ao trabalhar com dados geoespaciais, certifique-se de que tem sempre as licenças e permissões de dados adequadas.

## Capítulo 9

Aprendizagem automática e inteligência artificial em engenharia civil utilizando Python

A inteligência artificial (IA) e a aprendizagem automática (ML) tornaram-se instrumentos potentes em muitos domínios, incluindo a engenharia civil. Python surgiu como a linguagem de programação preferida para a implementação de algoritmos de ML e IA devido à sua extensa biblioteca e facilidade de utilização.

Eis algumas aplicações de ML e IA baseadas em Python na engenharia civil:

Monitorização do estado de saúde estrutural (SHM): Os algoritmos de ML podem ser utilizados para analisar dados de sensores de estruturas como pontes, barragens e edifícios. Ao processar estes dados, os engenheiros podem detetar anomalias, avaliar a solidez estrutural e prever os requisitos de manutenção. Para tal, podem ser utilizados pacotes Python como o scikit-learn, o TensorFlow e o Keras.

Engenharia geotécnica: A IA pode ser utilizada para categorizar tipos de solo, analisar dados do solo e prever o comportamento do solo em determinados cenários. Os modelos geotécnicos podem ser construídos com NumPy, SciPy e scikit-learn, duas bibliotecas numéricas para Python.

Gestão de projectos de construção: A atribuição de recursos, a estimativa de custos e o planeamento de projectos podem ser auxiliados pela aprendizagem automática. Os modelos preditivos baseados em dados de projectos anteriores podem ser desenvolvidos utilizando os recursos fornecidos pelo Python.

Engenharia do ambiente: A previsão da poluição e a monitorização ambiental podem ser auxiliadas por ML e IA. Python pode ser utilizado para estimar a qualidade do ar e da água através do processamento e análise de dados ambientais.

Engenharia de tráfego: É possível conceber sistemas de transporte inteligentes, prever o congestionamento do tráfego e otimizar os tempos dos sinais de trânsito utilizando algoritmos de aprendizagem automática. O Python pode ser utilizado para análise e visualização de dados com pacotes como o Matplotlib e o Pandas.

Planeamento urbano: A IA pode ajudar a modelar a expansão urbana e a otimizar as decisões de planeamento urbano no domínio do planeamento urbano. O TensorFlow e o PyTorch são dois exemplos de bibliotecas de IA do Python que podem ser utilizadas para este efeito.

Segurança na construção: O ML pode ser utilizado para localizar estaleiros de construção e identificar instantaneamente possíveis riscos para a segurança dos trabalhadores. Os modelos de reconhecimento de imagem que podem ser utilizados para detetar infracções de segurança podem ser criados com Python.

Engenharia Hidráulica: A Inteligência Artificial pode prever inundações e otimizar os sistemas de distribuição de água. Os algoritmos de aprendizagem automática de modelação hidráulica podem ser implementados em Python.

Pode utilizar Python para começar a utilizar o ML e a IA na engenharia civil, seguindo estes passos:

Aprender Python: Familiarizar-se com a linguagem de programação Python e as suas bibliotecas habitualmente utilizadas no ML, tais como NumPy, Pandas e scikit-learn.

Aprender aprendizagem automática: Examine os fundamentos da aprendizagem automática, incluindo vários métodos como máquinas de vectores de suporte, regressão, árvores de decisão e redes neurais.

Investigar conjuntos de dados de engenharia civil: Para aperfeiçoar as suas capacidades de aprendizagem automática, procure conjuntos de dados de engenharia civil acessíveis ao público. Os sítios Web que fornecem uma variedade de conjuntos de dados para diversos fins são o Kaggle e o UCI Machine Learning Repository.

Selecionar os algoritmos adequados: Determinar quais os métodos de aprendizagem automática mais adequados para o trabalho específico de engenharia civil que pretende efetuar.

O pré-processamento de dados é uma fase essencial da aprendizagem automática. Os dados devem ser limpos, pré-processados e normalizados antes de serem introduzidos nos modelos de aprendizagem automática.

Construir e treinar modelos: Para construir e aperfeiçoar os seus modelos de aprendizagem automática, utilize pacotes Python como o scikit-learn, TensorFlow ou Keras.

Avaliar e melhorar: Certifique-se de que os seus modelos estão a funcionar como deveriam, utilizando as métricas corretas. Ao ajustar os hiperparâmetros e efetuar as alterações necessárias, optimize os modelos.

Implementar e monitorizar: Aplique o seu modelo com bom desempenho a aplicações práticas o mais rapidamente possível. Mantenha o modelo debaixo de olho e actualize-o à medida que novos dados ficam disponíveis.

Não se esqueça de que podem ser necessárias diferentes técnicas de aprendizagem automática para diferentes problemas de engenharia civil, pelo que deve modificar a sua estratégia em conformidade. Além disso, para estar na vanguarda desta profissão em rápido desenvolvimento, mantenha-se atualizado sobre os mais recentes desenvolvimentos em ML e IA.

Visão geral da aprendizagem automática e das técnicas de IA em Python

Python tornou-se uma linguagem de programação de topo para a implementação da aprendizagem automática e da inteligência artificial (IA), dois tópicos que têm crescido em popularidade nos últimos anos. A construção de modelos de IA e de aprendizagem automática é facilitada pela abundância de bibliotecas e ferramentas disponíveis em Python. Segue-se uma panorâmica de alguns dos métodos e bibliotecas Python mais importantes utilizados em vários domínios:

Manipulação e pré-processamento de dados:

NumPy: Uma biblioteca robusta que suporta matrizes e arrays para computação numérica.

Pandas: Utilizado para análise e manipulação de dados, fornecendo estruturas de dados como DataFrames que simplificam a gestão de dados estruturados.

Scikit-learn: Uma biblioteca amplamente utilizada para aprendizagem automática, que oferece ferramentas para pré-processamento de dados, seleção de caraterísticas e divisão de dados.

Aprendizagem supervisionada:

Scikit-learn: oferece uma enorme seleção de algoritmos para tarefas que envolvem aprendizagem supervisionada, como regressão e classificação. É fornecido suporte para algoritmos bem conhecidos como florestas aleatórias, árvores de decisão, máquinas de vectores de suporte (SVM), entre outros.

XGBoost e LightGBM: Bibliotecas criadas especialmente para os métodos de gradient boosting, bem conhecidos pela sua eficácia com dados tabulares e estruturados.

Educação sem controlo:

Scikit-learn: Fornece uma série de técnicas de agrupamento, incluindo agrupamento hierárquico, DBSCAN e K-Means.

PCA, ou análise de componentes principais: um método de redução da dimensionalidade adotado pelo Scikit-learn.

Aprendizagem profunda e redes neurais:

TensorFlow e Keras: O Keras é uma API que oferece uma interface intuitiva para criar e refinar redes neurais com o TensorFlow como backend. O TensorFlow é uma biblioteca de aprendizagem profunda de código aberto.

Outro quadro de aprendizagem profunda muito apreciado, com flexibilidade e facilidade de utilização, é o PyTorch.

Fastai é uma biblioteca de aprendizagem profunda de alto nível que facilita a criação e o treinamento de redes neurais. Ela é construída sobre o PyTorch.

PNL, ou processamento de linguagem natural,

O Natural Language Toolkit (NLTK) é uma biblioteca extensa que oferece várias funcionalidades para o tratamento de dados de linguagem humana, tais como tokenização, stemming, marcação e muito mais.

SpaCy: Uma biblioteca de PNL actualizada com ênfase na usabilidade e no desempenho que oferece soluções eficazes para cargas de trabalho típicas de PNL.

Transformadores: Uma biblioteca criada pela Hugging Face que inclui modelos pré-treinados para uma gama de aplicações de processamento de linguagem natural (NLP), incluindo tradução de linguagem e categorização de texto.

Aprendizagem por reforço:

OpenAI Gym: Um conjunto de ferramentas baseado no ambiente para criar e contrastar algoritmos de aprendizagem por reforço que permite testar o desempenho do agente numa variedade de cenários.

Linhas de base estáveis: Uma coleção de excelentes implementações de algoritmos de aprendizagem por reforço construídas com base no OpenAI Gym.

Visão computacional:

O OpenCV é uma biblioteca de visão computacional bem conhecida, com muitas ferramentas e funcionalidades para o processamento de imagens e vídeos, deteção de objectos e outras tarefas.

A API de deteção de objectos do TensorFlow é um componente que facilita a criação e implementação de modelos de deteção de objectos.

Python é uma opção flexível e potente para a criação de aplicações de aprendizagem automática e inteligência artificial devido ao seu extenso ecossistema de bibliotecas e à sua vibrante comunidade. Com Python, pode investigar e utilizar métodos de ponta em vários domínios, independentemente do seu nível de experiência como cientista de dados.

Implementação de algoritmos de ML utilizando bibliotecas Python

A engenharia civil gera muitos dados e o potencial para a tomada de decisões baseadas em dados neste domínio está a aumentar a popularidade da implementação de algoritmos de aprendizagem automática utilizando módulos Python. A aplicação de diferentes algoritmos de aprendizagem automática é simplificada pelas muitas bibliotecas robustas do Python. Aqui está uma visão geral de como utilizar Python para começar a implementar algoritmos de aprendizagem automática em engenharia civil:

Recolha de dados e pré-processamento:

Recolher informações pertinentes de várias fontes, tais como inquéritos, sensores e documentos antigos.

Para garantir que os dados são adequados para treinar modelos de aprendizagem automática, pré-processe-os para gerir os valores em falta, os valores anómalos e a normalização.

Exploração e visualização de dados:

Para uma compreensão e conhecimentos mais profundos, visualize os dados utilizando ferramentas como o Matplotlib e o Seaborn.

Examinar as ligações entre variáveis para encontrar tendências e ligações. Desenvolvimento de funcionalidades:

Criar caraterísticas valiosas a partir dos dados em bruto que possam melhorar o desempenho do modelo.

Crie caraterísticas que captem conhecimentos técnicos específicos aplicando a experiência do domínio. Escolha do modelo:

Criar caraterísticas úteis a partir dos dados não processados para melhorar potencialmente o desempenho do modelo.

Para desenvolver caraterísticas que captem conhecimentos específicos de engenharia, aplique conhecimentos especializados do domínio. Escolha um modelo:

Para avaliar o desempenho do modelo, divida os dados em conjuntos de treino e de teste. Utilizando os dados de treino, ensine o algoritmo de aprendizagem automática selecionado.

Avaliação do modelo:

Criar conjuntos de dados de treino e teste para avaliar o desempenho do modelo.

Ensinar o algoritmo de aprendizagem automática escolhido utilizando os dados de treino.

Avaliação do modelo:

Implantação de modelos:

Quando estiver satisfeito com o desempenho do modelo, utilize-o para prever novos dados.

Para aplicações no mundo real, integrar o modelo numa interface ou aplicação web.

Observação e manutenção:

Quando estiver satisfeito com o desempenho do modelo, utilize-o para prever novos dados.

Para aplicações no mundo real, integrar o modelo numa interface ou aplicação web.

Observação e manutenção:

NumPy e Pandas: Para manipulação de dados e pré-processamento.

Matplotlib e Seaborn: Para visualização de dados.

Scikit-learn: Para implementar vários algoritmos de ML.

TensorFlow ou PyTorch: Para tarefas de aprendizagem profunda.

XGBoost ou LightGBM: para algoritmos de reforço de gradiente.

OpenCV: Para tarefas de visão computacional, se aplicável.

Não se esqueça que os algoritmos e métodos específicos de aprendizagem automática que empregar dependerão do problema específico de engenharia civil que está a tentar resolver, como a previsão de tráfego, a categorização de materiais, a análise ambiental ou a monitorização do estado da estrutura. Cada uma destas aplicações pode necessitar da utilização de modelos e metodologias especializados, bem como de conhecimentos específicos do domínio.

Também é possível utilizar bibliotecas Python populares, incluindo scikit-learn, TensorFlow, Keras e PyTorch, para implementar algoritmos de aprendizagem automática. Neste exemplo, vou demonstrar como utilizar o scikit-learn, uma ferramenta popular de aprendizagem automática em Python. Oferece ferramentas simples de utilizar para uma série de aplicações, incluindo clustering, regressão e classificação.

Para este exemplo, vamos implementar um algoritmo de classificação simples utilizando o famoso conjunto de dados Iris, que está incluído no scikit-learn.

Instale as bibliotecas necessárias, caso ainda não o tenha feito: bash

Copiar código

pip install scikit-learn

Importar as bibliotecas necessárias:

pitão

Copiar código

```
importar numpy as np
importar pandas como pd
from sklearn.datasets import load_iris
from sklearn.model_selection import train_test_split
de sklearn.preprocessing import StandardScaler
from sklearn.linear_model import LogisticRegression
from sklearn.metrics import accuracy_score
```

Carregar o conjunto de dados Iris e pré-processar os dados:

pitão

Copiar código

```
# Carregar o conjunto de dados Iris
iris = load_iris()
X, y = iris.data, iris.target
# Dividir os dados em conjuntos de treino e de teste
X_treino, X_teste, y_treino, y_teste = train_test_split(X, y, test_size=0.2, random_state=42)
# Normalizar as caraterísticas para um melhor desempenho do modelo
scaler = StandardScaler()
X_train = scaler.fit_transform(X_train)
X_teste = scaler.transform(X_teste)
```

Criar e treinar o modelo de aprendizagem automática (neste caso, um classificador

de regressão logística): python
Copiar código

```python
#    Criar o modelo
model = LogisticRegression()
#    Treinar o modelo com os dados de treino
model.fit(X_train, y_train)
```

Fazer previsões e avaliar o modelo:
pitão
Copiar código

```python
#    Fazer previsões sobre os dados de teste
y_pred = model.predict(X_test)
#    Calcular a exatidão
exatidão = exactidão_score(y_teste, y_pred)
print(f "Precisão: {precisão:.2f}")
```

E já está! Com o scikit-learn, criou um algoritmo básico de aprendizagem automática. As classes e funções específicas podem variar consoante a biblioteca utilizada, mas os métodos para implementar algoritmos adicionais utilizando bibliotecas diferentes são semelhantes.

Tenha em atenção que esta é apenas uma ilustração simples. Para criar um modelo mais fiável e preciso na prática, poderá ser necessário efetuar uma preparação adicional dos dados, um ajuste dos hiperparâmetros e uma validação cruzada. Além disso, podem ser necessárias técnicas e abordagens distintas para vários conjuntos de dados e desafios.

Estudos de casos e exemplos de aplicações de ML na engenharia civil

Na engenharia civil, a aprendizagem automática (ML) tem várias utilizações para aumentar a precisão, a segurança e a eficiência. Seguem-se alguns estudos de caso e ilustrações de aplicações de aprendizagem automática baseadas em Python na engenharia civil:

Manutenção Preditiva para Activos de Infra-estruturas:

O ML pode ser utilizado para prever as necessidades de manutenção de activos de infra-estruturas críticas, como pontes, barragens e condutas. Ao analisar dados históricos de sensores, os modelos de ML baseados em Python podem prever potenciais falhas ou deterioração, permitindo aos engenheiros programar a manutenção de forma proactiva. Isto evita interrupções inesperadas e prolonga a vida útil destes activos.

Gestão de projetos de construção:

O ML pode otimizar a atribuição de recursos e os calendários de projetos de construção. Os modelos Python ML podem fornecer calendários de projectos e estimativas de custos mais precisos, tendo em conta variáveis como o clima, a disponibilidade de mão de obra e a eficiência do equipamento. Isto pode melhorar o planeamento e a execução.

Engenharia Geotécnica - Classificação dos solos:

A aprendizagem automática pode ser utilizada na engenharia geotécnica para categorizar diferentes tipos de solo de acordo com a sua permeabilidade, resistência ao cisalhamento e distribuição granulométrica. As Máquinas de Vectores de Suporte

(SVM) e as Florestas Aleatórias são dois exemplos de algoritmos de aprendizagem automática baseados em Python que podem processar dados de solos e ajudar a categorizar tipos de solos para caraterização de locais.

Monitorização da saúde estrutural (SHM):

Para identificar anomalias e avaliar a integridade estrutural, o ML pode ser extremamente útil em SHM, uma vez que analisa continuamente os dados dos sensores de edifícios e pontes. Os engenheiros podem tomar medidas imediatas de manutenção ou reparação utilizando modelos de aprendizagem automática baseados em Python para detetar indicadores de danos ou deterioração.

Previsão e otimização do fluxo de tráfego:

Os modelos ML baseados em Python podem analisar dados históricos de tráfego, incluindo o volume de tráfego, as condições da estrada e as condições climatéricas, para prever futuros padrões de fluxo de tráfego. Esta informação pode ser utilizada para gerir o tráfego e otimizar a temporização dos sinais, conduzindo a um melhor fluxo de tráfego e à redução do congestionamento.

Previsão de propriedades de materiais:

O ML pode ajudar a prever as propriedades dos materiais de construção, como o betão, o aço ou os materiais compósitos. Utilizando bibliotecas Python como o scikit-learn, os engenheiros podem criar modelos de regressão baseados na composição do material e nos parâmetros de fabrico para estimar propriedades como a resistência, a durabilidade e a condutividade térmica.

Avaliação do impacto ambiental:

Os modelos ML podem ajudar a avaliar o impacto ambiental dos projectos de construção. Utilizando Python, os engenheiros podem analisar dados relacionados com a qualidade do ar e da água, os níveis de ruído e a biodiversidade nas áreas circundantes. Estas informações podem ser utilizadas para otimizar a conceção dos projectos e atenuar potenciais impactos negativos.

Utilização do solo e planeamento urbano:

O ML pode ajudar na classificação da utilização dos solos e no planeamento urbano, analisando imagens de satélite e dados geográficos. Os algoritmos de ML baseados em Python, como as redes neurais convolucionais (CNN), podem ser utilizados para identificar diferentes categorias de utilização do solo, como áreas residenciais, comerciais, agrícolas ou industriais.

Análise da estabilidade de taludes:

A estabilidade dos taludes em engenharia geológica pode ser prevista utilizando a aprendizagem automática. Em particular, em regiões vulneráveis a deslizamentos de terras ou erosão, os engenheiros podem avaliar a estabilidade de taludes e aterros integrando dados geotécnicos e geológicos em modelos Python ML.

Modelação hidráulica e previsão de cheias:

Para prever inundações prováveis, podem ser utilizados em Python modelos de aprendizagem automática baseados em padrões de precipitação e dados hidrológicos anteriores. Os engenheiros civis podem aumentar a precisão das previsões de cheias e maximizar as estratégias de controlo de cheias incorporando a aprendizagem automática nos modelos hidráulicos.

Estes exemplos mostram como a aprendizagem automática é aplicável a uma variedade de aplicações de engenharia civil e como o Python é eficaz como ferramenta de implementação de soluções de aprendizagem automática. Recorde-se que, para produzir resultados exactos, as aplicações de aprendizagem automática bem sucedidas necessitam de uma validação sólida do modelo, de uma engenharia de caraterísticas bem pensada e de dados de elevada qualidade.

## Capítulo 10

Tópicos avançados e tecnologias emergentes

Devido à sua simplicidade de utilização e versatilidade, o Python já estava a começar a ganhar popularidade no domínio da engenharia civil aquando da minha última atualização. É possível que, desde então, tenham surgido novos desenvolvimentos e tecnologias neste sector. Partindo do princípio de que as tendências se mantêm ou que se registaram novos avanços, vou destacar alguns dos temas avançados e possíveis tecnologias em desenvolvimento que podem ser pertinentes para a engenharia civil:

Aprendizagem automática e inteligência artificial na engenharia estrutural: A análise avançada de elementos finitos, a previsão do comportamento estrutural, a deteção de anomalias e a otimização do projeto estrutural podem ser realizadas com as vastas bibliotecas de aprendizagem automática e de IA do Python, como o scikit-learn, o TensorFlow e o PyTorch.

Conceção generativa: Python pode ser utilizado em procedimentos de conceção generativa, que utilizam IA e algoritmos para produzir automaticamente uma variedade de opções de conceção em função de critérios e restrições pré-determinados.

Tecnologia de gémeos digitais: O Python pode ser utilizado para criar gémeos digitais, que são versões virtuais de estruturas do mundo real que permitem a análise em tempo real, a manutenção preditiva e a monitorização.

Automatização BIM: Os scripts Python podem ser utilizados na Modelação da Informação da Construção (BIM) para automatizar actividades entediantes, recuperar dados e melhorar a interoperabilidade do software.

Análise de dados para a gestão de infra-estruturas: Python pode ser utilizado para analisar dados de fotografias de satélite, sensores e outras fontes para melhorar a tomada de decisões e a gestão de infra-estruturas.

Análise Geoespacial: A manipulação de dados geoespaciais, a análise espacial e a visualização são facilitadas pelas bibliotecas geoespaciais do Python, como o GeoPandas e o Shapely. Estas ferramentas são úteis para a investigação geográfica e de planeamento urbano.

Aplicações Web GIS: As aplicações de Sistema de Informação Geográfica (SIG) baseadas na Web podem ser desenvolvidas com Python, simplificando a partilha e a visualização de dados espaciais para uma série de projectos de engenharia civil.

Simulação e otimização do tráfego: O Python pode ser utilizado para criar as melhores redes de transportes possíveis, simular e modelar o fluxo de tráfego e melhorar o controlo do tráfego.

Deteção remota e drones: Os drones e as tecnologias de deteção remota podem ser combinados com Python para recolher, monitorizar e analisar dados para projectos de infra-estruturas de grande escala.

Blockchain para gestão de projectos de construção: Python pode ajudar a criar aplicações de cadeia de blocos que melhoram a responsabilidade, a transparência e a eficiência da gestão de projectos de construção.

Lembre-se de que a tecnologia está sempre a evoluir, pelo que poderão ocorrer avanços adicionais depois de eu publicar esta atualização. Para saber mais sobre os desenvolvimentos mais recentes em Python para engenharia civil, aconselho a manter-se a par das tendências mais recentes, a ir a conferências e a navegar nos recursos da Internet.

introdução a temas mais complexos, como modelação e simulação 3D com base em python

Python é uma linguagem de programação forte que é amplamente utilizada para muitos fins diferentes, incluindo modelação e simulação 3D. É também bastante adaptável. Nesta introdução, vamos rever os fundamentos da modelação e simulação 3D e como o Python pode ser utilizado para trabalhar com estes temas complexos.

Modelação 3D:

A criação de cópias digitais de cenários ou objectos tridimensionais é conhecida como modelação 3D. Muitas indústrias, incluindo a realidade virtual, a arquitetura, a animação, os jogos e a engenharia, utilizam estes modelos. Vértices, arestas e faces definem um objeto na modelação 3D, permitindo-lhe assumir formas e estruturas complicadas.

Simulação 3D:

A técnica de reproduzir eventos ou sistemas do mundo real num ambiente virtual é conhecida como simulação tridimensional. Sem a necessidade de experimentação real, estas simulações são úteis para compreender sistemas complicados, testar projectos e prever resultados.

Python para modelação e simulação 3D:

A linguagem Python é uma óptima opção para trabalhos de modelação e simulação 3D, pois contém uma série de bibliotecas. Entre as bibliotecas mais conhecidas encontram-se:

NumPy: Um dos principais pacotes Python para computação numérica chama-se NumPy. É útil para gerir eficazmente os dados 3D porque suporta matrizes e arrays grandes.

Matplotlib: Com a ajuda do pacote de gráficos Matplotlib, pode visualizar e analisar eficazmente os resultados da simulação, criando gráficos e visualizações em 3D.

Blender: O Blender é um programa de computação gráfica 3D de código aberto que suporta scripts e extensões Python. Fornece uma estrutura sólida para escrever modelos 3D sofisticados e animações com programação.

Pygame: Os programadores de jogos Python utilizam frequentemente o pacote Pygame, mas este também pode ser utilizado para simulações e visualizações 3D simples.

PyOpenGL: Trabalhar diretamente com o OpenGL, um conjunto de ferramentas gráficas muito apreciado para produzir cenas 3D, é possível com o PyOpenGL. Ele oferece bindings para funções OpenGL para que você possa trabalhar e gerar gráficos 3D diretamente do zero.

Passos básicos para modelação e simulação 3D com Python:

Aqui está uma descrição condensada dos procedimentos necessários para usar Python para criar modelos 3D e simulações..:

a. Importar as bibliotecas necessárias: Importe primeiro as bibliotecas Python necessárias. Estas podem incluir NumPy, Matplotlib, Blender ou Pygame, dependendo do que o seu projeto específico requer.

b. Representação de dados: Utilizando as estruturas de dados adequadas, definir os objectos ou cenários 3D. Isto pode ser o estabelecimento dos parâmetros do sistema para simulação ou a especificação das faces, arestas e vértices dos modelos 3D.

c. Renderização e visualização: Renderizar e apresentar o modelo 3D ou o resultado da simulação utilizando a biblioteca escolhida. As experiências interactivas em tempo real podem ser criadas com a ajuda do Pygame e do PyOpenGL, enquanto o Matplotlib e o Blender fornecem funcionalidades de visualização robustas.

d. Lógica de simulação (para simulações): Aplicar algoritmos e modelos matemáticos à lógica da simulação. Os cálculos baseados na física, os sistemas de partículas e quaisquer outros processos específicos da simulação podem ser incluídos nesta categoria.

e. Iteração e melhoria: Iterar através dos seus modelos e simulações, fazendo ajustes em resposta aos requisitos e feedback, até obter os resultados desejados.

f. Exportar (se necessário): Quando o seu modelo 3D ou simulação estiver concluído, pode exportá-lo num formato que lhe convenha e utilizá-lo noutras aplicações.

Lembre-se de que a modelação e a simulação 3D são temas abrangentes e que a experiência com ideias mais complexas e a prática são necessárias para o seu domínio. Assim, comece com projectos fáceis, aumente progressivamente a complexidade e, à medida que avança, investigue mais bibliotecas e recursos. Boa programação!

Integração de Python com outras ferramentas de software (por exemplo, CAD, BIM)

Python é uma linguagem de programação flexível que pode ser utilizada com uma vasta gama de ferramentas de software, como os programas BIM (Building Information Modelling) e CAD (Computer-Aided Design). As bibliotecas, os plugins e as API (interfaces de programação de aplicações) podem ser utilizados para efetuar esta ligação. Segue-se uma descrição geral da utilização de Python com aplicações CAD e BIM:

Integração de CAD (desenho assistido por computador):

Python é uma ferramenta útil para a automatização do trabalho, a extração de dados e a expansão da funcionalidade dos programas CAD. Muitos programas CAD têm API disponíveis, permitindo a interação programática com o software por parte dos programadores. Os programas CAD mais conhecidos que integram Python são os seguintes

a. AutoCAD: Para comunicar com o programa e automatizar as actividades, o AutoCAD dispõe de uma API.NET e de uma biblioteca Python denominada "pyautocad" ou "pyautocad-ctypes" que é específica do AutoCAD.

b. SolidWorks: O SolidWorks fornece uma API que se baseia no Visual Basic for Applications (VBA) da Microsoft. O Python pode aceder a esta API utilizando pacotes como o "pywin32".

c. Blender: O Blender é um programa de modelação 3D de código aberto baseado na API Python. Os scripts Python permitem automatizar a renderização, criar e alterar objectos e fazer muito mais.

d. FreeCAD: O FreeCAD é um modelador CAD 3D paramétrico de código aberto que suporta scripts Python para uma série de funções, como a modelação, a simulação e a produção de geometria.

Integração BIM (Building Information Modeling):

Os projectos de infra-estruturas e de construção são concebidos, construídos e geridos com software BIM. Pode efetuar automação, análise de dados e processos personalizados integrando Python com software BIM. As aplicações BIM populares que incluem Python incluem:

a. Autodesk Revit: O Revit oferece uma API.NET que pode ser utilizada com Python com módulos "pyrevit" para automatizar operações monótonas e modificar a funcionalidade do programa.

b. ArchiCAD: O programa oferece uma API conhecida como "ArchiCAD API" que permite aos programadores a interação de software baseado em Python.

c. Industry Foundation Classes (IFC): O OpenBIM (IFC) é um formato de ficheiro neutro que facilita a comunicação entre vários programas BIM. Os ficheiros IFC podem ser lidos e trabalhados utilizando bibliotecas Python como a "IfcOpenShell".

Integração geral: No sector da AEC (Arquitetura, Engenharia e Construção), o Python também pode ser utilizado para interagir com outras aplicações de software. Por exemplo:

a. Rhinoceros, ou Rhino: O Rhino é um programa de modelação 3D com um motor PythonScript que permite utilizar Python para automatizar processos e criar ferramentas únicas.

b. Gafanhoto: O Grasshopper é um suplemento do Rhino para programação visual. O scripting Python também é suportado para tarefas mais complexas e personalizadas.

É fundamental recordar que as técnicas de integração e as bibliotecas específicas utilizadas podem mudar consoante o programa que estiver a utilizar. Para saber mais sobre as API e as capacidades de integração Python dos fabricantes de software, consulte sempre a sua documentação e recursos oficiais.

Integração CAD Python:

A integração de Python com software de desenho assistido por computador (CAD) pode ser uma ferramenta potente para realizar diferentes trabalhos de engenharia, automatizar processos de desenho e analisar dados. Embora existam muitos programas de software CAD disponíveis, o SolidWorks, o FreeCAD e o AutoCAD são alguns dos mais utilizados que integram Python. Apresenta-se aqui uma introdução à utilização do Python em vários ambientes CAD:

AutoCAD: O popular programa CAD da Autodesk, AutoCAD, é utilizado extensivamente. Com a sua API robusta, pode utilizar Python e outras linguagens informáticas para interagir com as suas funcionalidades.

O pacote "pyautocad" pode ser usado para lidar com o AutoCAD em Python. Ao fornecer ligações Python para a API do AutoCAD, esta biblioteca permite-lhe utilizar os seus scripts Python para criar, editar e analisar desenhos.

Pode instalar a biblioteca "pyautocad" utilizando o pip:

SolidWorks:

O SolidWorks é um programa de desenho 3D assistido por computador muito apreciado por engenheiros e designers de produtos. Além disso, fornece uma API que lhe permite utilizar a programação para interagir com as suas funcionalidades.

A API do SolidWorks está envolvida em Python através do módulo "SolidPython". Com Python, pode utilizá-lo para construir modelos SolidWorks e efetuar outras tarefas.

Para utilizar o "SolidPython", a sua máquina tem de ter o SolidWorks instalado e a sua API corretamente configurada. Para obter detalhes sobre a instalação e configuração, consulte a documentação do "SolidPython".

FreeCAD: O FreeCAD é um programa CAD (computer-aided design) 3D de código aberto que suporta uma série de plugins e extensões e permite a modelação paramétrica.

Embora a maior parte da funcionalidade do FreeCAD seja controlada por um módulo Python, o programa é desenvolvido em C++. O Python pode ser utilizado para análise, automatização de actividades de desenho e criação e modificação de objectos.

O FreeCAD tem suporte integrado para Python, pelo que não necessita de quaisquer bibliotecas adicionais para o utilizar com Python.

Para utilizar o "SolidPython", a sua máquina tem de ter o SolidWorks instalado e a sua API corretamente configurada. As instruções de instalação e configuração podem ser encontradas no manual do "SolidPython".

FreeCAD: Um programa CAD 3D de código aberto que suporta uma série de plugins e extensões e permite a modelação paramétrica chama-se FreeCAD.

Embora a maioria das funcionalidades do FreeCAD possa ser acedida e controlada através de um módulo Python, o programa é escrito em C++. O Python pode ser utilizado para efetuar análises, automatizar actividades de desenho e construir e editar objectos.

Não necessita de quaisquer bibliotecas adicionais para utilizar Python com o FreeCAD, uma vez que este tem suporte integrado para a linguagem.

Antes de iniciar a integração CAD, certifique-se de que está familiarizado com a documentação da API para o programa correspondente, uma vez que o procedimento de integração pode diferir consoante o software e o seu caso de utilização específico.

Para além destas soluções especializadas de software CAD, os utilizadores de Python também podem trabalhar com modelos 3D e geometria utilizando bibliotecas de uso mais geral como "PyMesh" e "numpy-stl". Se estiver à procura de um método mais geral de modelação e processamento 3D, estas podem ser úteis.

O pacote "pyautocad" pode ser usado para lidar com o AutoCAD em Python. Ao fornecer ligações Python para a API do AutoCAD, esta biblioteca permite-lhe utilizar os seus scripts Python para criar, editar e analisar desenhos.

Pode instalar a biblioteca "pyautocad" utilizando o pip:

Copiar código

pip install pyautocad

SolidWorks:

O SolidWorks é um programa de desenho 3D assistido por computador muito apreciado por engenheiros e designers de produtos. Além disso, fornece uma API que lhe permite utilizar a programação para interagir com as suas funcionalidades.

A API do SolidWorks está envolvida em Python através do módulo "SolidPython". Com Python, pode utilizá-lo para construir modelos SolidWorks e efetuar outras tarefas.

Para utilizar o "SolidPython", a sua máquina tem de ter o SolidWorks instalado e a sua API corretamente configurada. Para obter detalhes sobre a instalação e configuração, consulte a documentação do "SolidPython".

FreeCAD:

A modelação paramétrica é possível utilizando o FreeCAD, um programa CAD 3D de código aberto que também suporta uma série de plugins e extensões.

Embora a maior parte da funcionalidade do FreeCAD seja controlada por um módulo Python, o programa é desenvolvido em C++. O Python pode ser utilizado para análise, automatização de actividades de desenho e criação e modificação de objectos.

O FreeCAD tem suporte integrado para Python, pelo que não necessita de quaisquer bibliotecas adicionais para o utilizar com Python.

Certifique-se de que está familiarizado com a documentação da API do software correspondente antes de iniciar a integração CAD, uma vez que o método pode diferir consoante o software e o seu caso de utilização específico.

Para além destas soluções especializadas de software CAD, os utilizadores de Python também podem trabalhar com modelos 3D e geometria utilizando bibliotecas de uso mais geral como "PyMesh" e "numpy-stl". Se estiver à procura de um método mais geral de modelação e processamento 3D, estas podem ser úteis.

Integração Python-excel-autoCAD

Integração Python MS Excel

Estão disponíveis várias bibliotecas para Python para integração com o Microsoft Excel. Estes módulos facilitam o trabalho com dados de folhas de cálculo, permitindo-lhe ler, escrever e manipular ficheiros Excel utilizando Python. Algumas das bibliotecas mais populares para integrar Python com o Microsoft Excel são:

openpyxl: Esta biblioteca fornece um grande número de funcionalidades, tais como formatação de células, fórmulas, gráficos e muito mais, e permite-lhe ler e escrever ficheiros Excel (no formato XLSX).

xlrd e xlwt: Os formatos de ficheiro Excel mais antigos (XLS) podem ser lidos e escritos utilizando as bibliotecas xlrd e xlwt; o formato XLSX mais recente não é suportado por estas bibliotecas. No entanto, para ficheiros Excel mais antigos, estas bibliotecas são ainda frequentemente utilizadas.

pandas: Com as suas funções read_excel() e to_excel(), o pandas oferece um bom suporte para a leitura e escrita de ficheiros Excel, apesar de ser essencialmente um conjunto de ferramentas de processamento de dados. Por baixo do capô, utiliza bibliotecas adicionais como openpyxl.

pyxlsb: Esta biblioteca permite ler ficheiros Excel no formato binário (XLSB). Em comparação com outras bibliotecas, pode ser útil para ler ficheiros Excel enormes mais rapidamente.

XlsxWriter: Esta biblioteca, tal como o seu nome indica, é dedicada à escrita de ficheiros Excel (no formato XLSX) que incluem uma variedade de opções de formatação, tabelas e gráficos.

Aqui está uma rápida demonstração de como ler e escrever num ficheiro Excel utilizando a biblioteca openpyxl:

pitão

Copiar código

```
#   Primeiro, é necessário instalar a biblioteca openpyxl, caso ainda não o tenha feito:
#   pip install openpyxl
importar openpyxl
#   Ler dados de um ficheiro Excel existente
livro de trabalho = openpyxl.load_workbook('example.xlsx')
folha = livro de trabalho.ativo
#   Aceder aos valores das células
value = sheet[' A1'].value
imprimir(valor)
#   Escrever dados no ficheiro Excel
sheet['B1'] = 'Olá, Excel!
#   Guardar as alterações
livro de trabalho.guardar('exemplo.xlsx')
```

Pode consultar a documentação correspondente destas bibliotecas para obter mais funcionalidades. Poderá descobrir que uma biblioteca é mais adequada às suas necessidades do que as outras. Não se esqueça de usar o pip para instalar as bibliotecas necessárias antes de executar o código.

A integração do Python com o AutoCAD e o Excel pode ser uma combinação potente que lhe permite automatizar processos e transferir dados entre estes programas. Segue-se um resumo de alto nível sobre a forma de efetuar esta integração:

Integração de Excel e Python:

O Python inclui uma série de bibliotecas, incluindo openpyxl, pandas e xlrd, para trabalhar com ficheiros Excel.

Dependendo da biblioteca que escolher, instale-a com pip install openpyxl pandas xlrd.

Processamento de dados no Excel:

Para ler dados de ficheiros Excel, utilize a biblioteca escolhida (openpyxl para escrita e leitura, pandas para manipulação de dados mais complexa).

É possível extrair as informações necessárias, efetuar cálculos ou processar os dados conforme necessário.

Automação do AutoCAD baseada em Python:

Pode utilizar a biblioteca pyautocad ou comtypes para comunicar com o AutoCAD. Tenha em mente que o pyautocad pode precisar de uma versão específica do AutoCAD.

Instale o pyautocad executando pip install pyautocad para começar.

Use pip install comtypes para comtypes.

Ligar o Python ao AutoCAD:

É necessário ligar o Python ao AutoCAD. O Comtypes ou o PyAutocad podem ajudá-lo a fazer isso.

Uma vez estabelecida a ligação, pode utilizar a programação para gerar, editar e trabalhar com desenhos AutoCAD.

Transmissão de dados entre AutoCAD e Excel:

É possível transferir dados entre o Excel e o AutoCAD quando se tem os dados do Excel e a ligação.

Por exemplo, pode atualizar desenhos existentes com dados do Excel ou criar desenhos do AutoCAD utilizando dados do Excel.

Tratamento de erros e excepções:

O tratamento correto dos erros e das excepções é crucial para a integração de diversos programas informáticos. Para garantir que o seu programa funciona corretamente, não se esqueça de incluir procedimentos de tratamento de erros.

Aqui está uma ilustração básica de como combinar AutoCAD, Excel e Python:

pitão
Copiar código

```python
importar openpyxl
importar pyautocad
# Processamento de dados em Excel
ficheiro_excel = "dados.xlsx"
wb = openpyxl.load_workbook(excel_file)
folha = wb.active
data = [[cell.value for cell in row] for row in sheet.iter_rows(min_row=2, values_only=True)]
wb.close()
# Integração com o AutoCAD
acad = pyautocad.Autocad()
acad.prompt("Olá de Python!\n")
# Criar objectos no AutoCAD com base em dados do Excel
para x, y, z nos dados:
ponto = acad.model.AddPoint(x, y, z)
point.color = 2 # Definir a cor para verde (índice de cor do Autocad)
# Fechar o AutoCAD
acad.prompt("Execução do script concluída.\nPressione Enter para sair.")
```

Tenha em atenção que esta é apenas uma ilustração simples para o ajudar a compreender o procedimento. A complexidade das tarefas que pretende automatizar e os seus requisitos específicos determinarão a forma como a implementação é efectuada.

Ao utilizar o AutoCAD, certifique-se sempre de que testa bem o seu código e tenha cuidado, pois isso implica fazer alterações aos seus desenhos, o que pode ter repercussões graves. É aconselhável trabalhar em duplicados dos seus desenhos quando os scripts de integração estão a ser testados.

Direcções e possibilidades futuras com Python na engenharia civil

Em setembro de 2021, quando foi feita a última atualização, o Python era amplamente utilizado em várias indústrias, incluindo a engenharia civil. O seu vasto ambiente de bibliotecas, a facilidade de utilização e a versatilidade fazem dele a solução perfeita para simplificar os fluxos de trabalho e resolver desafios de engenharia exigentes. Olhando para o futuro, Python na engenharia civil tem uma série de potenciais aplicações fascinantes. Além disso, Python já estava a ter um grande impacto em muitos domínios da engenharia civil, como os transportes, a hidrologia, o planeamento urbano, a engenharia geotécnica e a análise estrutural. Devido às suas muitas bibliotecas, facilidade de utilização e versatilidade, Python é uma excelente ferramenta para os engenhelros clvis resolverem problemas complicados e optimizarem as operações. É provável que Python continue a desenvolver-se e a tornar-se cada vez mais importante no domínio da engenharia civil. Seguem-se alguns caminhos e oportunidades futuras possíveis para a engenharia civil utilizando Python:

Integração da Modelação da Informação da Construção (BIM): Os engenheiros civis podem automatizar a extração de dados, a criação de modelos, a deteção de conflitos e a quantificação de quantidades utilizando Python como interface com o software BIM. Os projectos de construção em grande escala podem beneficiar de uma melhor gestão e comunicação de dados através da integração de Python com plataformas BIM.

Inteligência Artificial e Aprendizagem Automática: Ao combinar Python com estes dois domínios de estudo, os procedimentos de engenharia civil podem sofrer uma transformação completa. Os engenheiros podem utilizar algoritmos de aprendizagem automática (ML) para análise avançada de dados em engenharia geotécnica, previsão de fluxos de tráfego, otimização de projectos estruturais e manutenção preditiva de infra-estruturas.

Os engenheiros civis podem utilizar abordagens de IA e ML para modelação preditiva, deteção de anomalias e otimização em projectos de construção e infra-estruturas, graças à utilização generalizada do Python na comunidade da ciência dos dados.

O Python é uma ferramenta útil para efetuar análises de risco e fiabilidade de sistemas de engenharia civil, o que ajuda os engenheiros a construir estruturas robustas e seguras.

A Python pode ajudar no desenvolvimento de gémeos digitais para activos de infra-estruturas, que permitem aos engenheiros modelar e examinar como o comportamento no mundo real se comportaria em determinados cenários. Os gémeos digitais podem ser úteis para otimizar o desempenho, antecipar os requisitos de manutenção e monitorizar o estado das estruturas.

Automatização do projeto e da análise: Ao aplicar as funcionalidades de automatização do Python a uma variedade de processos de análise e projeto de engenharia civil, podem ser evitados erros e o processo pode ser acelerado em geral. Os engenheiros podem automatizar processos repetitivos em software como o AutoCAD, Revit ou Civil 3D, escrevendo scripts e plugins personalizados.

Simulação e otimização avançadas: As simulações complexas e as ferramentas de otimização para aplicações de engenharia civil podem ser criadas utilizando a vasta biblioteca Python. Pode ser aplicada, por exemplo, a redes de distribuição de água, à simulação do fluxo de tráfego ou à otimização da colocação de infra-estruturas públicas para um planeamento urbano eficaz.

Visualização de dados e elaboração de relatórios: As visualizações interactivas e perceptivas dos dados de engenharia podem ser feitas com Python, utilizando bibliotecas para visualização de dados, como Matplotlib, Seaborn e Plotly. Isto facilita a comunicação de conclusões complexas aos clientes e às partes interessadas.

Desenvolvimento Web para aplicações de engenharia civil: As aplicações Web interactivas para gestão de projectos, trabalho em equipa e partilha de dados entre equipas de engenharia podem ser criadas utilizando as estruturas Web do Python, como o Django e o Flask.

Integração de dispositivos da Internet das Coisas (IoT) para monitorização de infra-estruturas: O Python pode ser combinado com dispositivos IoT para monitorizar a funcionalidade e o estado das infra-estruturas civis em tempo real. Para detetar irregularidades e garantir a segurança, os engenheiros podem recolher informações de sensores incorporados em estradas, edifícios e pontes.

Sustentabilidade e engenharia ecológica: O Python pode ser utilizado para ajudar nas avaliações do impacto ambiental, na otimização da energia e nas avaliações do ciclo de vida em processos de conceção sustentável e de engenharia ecológica.

Conformidade regulamentar e verificação de códigos: Os projectos de engenharia civil podem ser feitos para cumprir os códigos e regulamentos de construção aplicáveis, automatizando os procedimentos de verificação de códigos com Python.

É de salientar que o futuro do Python no domínio da engenharia civil depende do desenvolvimento da linguagem e das bibliotecas correspondentes, bem como da disponibilidade da indústria para adotar estes novos instrumentos e abordagens. Prevê-se que as potenciais aplicações de Python na engenharia civil aumentem à medida que a linguagem ganha mais aceitação e que se desenvolvem as tecnologias associadas. Os programadores Python competentes no domínio da engenharia civil estarão numa posição forte para tirar partido destas oportunidades e estimular a inovação, tornando os engenheiros mais eficazes, criativos e orientados para os dados na sua abordagem ao projeto e à construção.

Recursos adicionais e exemplos

Python é uma linguagem de programação de uso geral com aplicações em engenharia civil e noutros domínios. Aqui estão mais alguns recursos e ilustrações da aplicação de Python na engenharia civil:

Análise Numérica e Simulação:

NumPy, SciPy e matplotlib são apenas algumas das ferramentas robustas disponíveis para análise numérica e simulação nas bibliotecas científicas Python. Estas bibliotecas podem ser utilizadas por engenheiros civis para analisar dados, modelar o comportamento estrutural, resolver equações matemáticas difíceis e visualizar os resultados.

Uma ilustração seria o estudo estrutural de edifícios e pontes utilizando o estudo de elementos finitos (FEA) e o método dos elementos finitos (FEM).

Python oferece uma grande variedade de bibliotecas para sistemas de informação geográfica (GIS) e análise geoespacial. Os engenheiros civis podem lidar com dados geoespaciais, fazer pesquisas espaciais e manipular formas e geometrias com a ajuda destas bibliotecas, como a GeoPandas e a Shapely.

Exemplo: Utilizar dados de elevação e tecnologias SIG para calcular o volume de terraplenagem num projeto de construção.

Conceção e otimização de estruturas: Utilizando bibliotecas de otimização numérica como o módulo de otimização SciPy, o Python pode ser utilizado para a conceção e otimização de estruturas. Isto permite aos engenheiros civis identificar as melhores soluções para os elementos e sistemas estruturais.

Exemplo: Determinar o peso mínimo de projeto de uma treliça de aço sob determinadas condições de carga e de fronteira.

Análise de dados e aprendizagem automática: Para examinar e manipular enormes conjuntos de dados em projectos de engenharia civil, as bibliotecas de análise de dados do Python, como o pandas, são úteis. Também é possível utilizar ferramentas de aprendizagem automática, como o scikit-learn, para otimizar os parâmetros de conceção ou prever o comportamento estrutural.

A título de exemplo, considere-se a utilização de algoritmos de aprendizagem automática para prever a resistência à compressão do betão em função da composição da mistura.

Aplicações Web e visualização: Os engenheiros civis podem criar aplicações Web interactivas para gestão de projectos, visualização de dados e colaboração utilizando as estruturas Web do Python, como o Flask e o Django.

O desenvolvimento de um programa em linha para mostrar em tempo real os dados dos sensores de um sistema de monitorização da saúde estrutural é um exemplo.

Dinâmica de fluidos computacional (CFD): OpenFOAM, PyFoam e CFD Python são apenas algumas das bibliotecas Python que facilitam a simulação da dinâmica de fluidos computacional.

Estes modelos são úteis para examinar as cargas de vento em edifícios e investigar o fluxo de fluidos em torno de estruturas.

Exemplo: Para avaliar o desempenho aerodinâmico de um edifício alto, simular o fluxo de vento à sua volta.

Análise de séries temporais: Para compreender e prever tendências em dados relacionados com a engenharia civil, como o fluxo de tráfego ou a monitorização ambiental, o Python pode ser utilizado para a análise de séries temporais.

A título de exemplo, considere-se a análise de dados de tráfego anteriores para prever tendências futuras e melhorar as infra-estruturas de transportes.

Eis alguns recursos em linha para explorar melhor o Python na engenharia civil:

O Índice de Pacotes Python (PyPI): https://pypi.org/

Notas de aula de SciPy: https://scipy-lectures.org/

Documentação GeoPandas: https://geopandas.org/

Uma galeria de Notebooks Jupyter interessantes: https://github.com/jupyter/jupyter/wiki/A- gallery-of-interesting-Jupyter-Notebooks

Não se esqueça que a força do Python é a vasta gama de bibliotecas e a comunidade que suporta; por isso, nos projectos de engenharia civil, sinta-se à vontade para experimentar e explorar diferentes bibliotecas para satisfazer as suas necessidades individuais.

Bibliotecas e pacotes Python úteis para a engenharia civil

Muitos módulos e pacotes disponíveis em Python podem ser bastante úteis para trabalhos relacionados com a engenharia civil. Estes são alguns dos mais úteis:

NumPy: O NumPy é uma ferramenta de computação científica Python. Suporta matrizes e arrays multidimensionais de grandes dimensões, que são frequentemente utilizados em cálculos para engenharia civil.

SciPy: Acrescentando funcionalidades de interpolação, otimização, integração e outras, o SciPy baseia-se no NumPy. Para os muitos cálculos numéricos envolvidos na engenharia civil, é uma ferramenta eficaz.

A conhecida ferramenta de gráficos matplotlib permite produzir excelentes visualizações, que são cruciais para a análise e apresentação de dados em projectos de engenharia civil.

O Pandas é uma biblioteca flexível para a manipulação de dados. Facilita o trabalho com dados estruturados e a realização de actividades de análise de dados, fornecendo estruturas de dados como DataFrame e Series.

OpenCV: A biblioteca de visão computacional de código aberto, ou OpenCV, é útil para actividades de processamento de imagem e visão computacional. Na engenharia civil, estas tarefas podem incluir o exame visual de estruturas e a análise de fotografias de satélite.

Scikit-learn: O Scikit-learn é uma excelente opção para tarefas de aprendizagem automática. Oferece uma gama de ferramentas para classificação, regressão, clustering e outras tarefas aplicáveis à modelação preditiva em engenharia civil.

FEniCS: Esta robusta biblioteca de análise de elementos finitos permite a solução de equações diferenciais parciais que são frequentemente encontradas na engenharia geotécnica e estrutural.

GeoPandas: O GeoPandas melhora a funcionalidade do Pandas para facilitar a análise de dados geoespaciais. É especialmente útil quando se trabalha com dados geoespaciais, tais como ficheiros GIS (Sistema de Informação Geográfica).

Shapely: O Shapely é uma biblioteca para operações geométricas que são essenciais para muitas aplicações em engenharia civil, incluindo a determinação de áreas, comprimentos, intersecções e uniões.

Gmsh: O gerador de malhas de elementos finitos 3D chama-se Gmsh. É útil para criar, modificar e visualizar malhas para simulações numéricas de engenharia civil.

O pyDGN é um programa para ler, criar e visualizar ficheiros DGN do MicroStation, que são um formato de ficheiro popular para desenhos CAD em engenharia civil.

pySTAAD: O pySTAAD é uma ferramenta de script em Python que facilita a interação com o popular programa de análise e projeto estrutural STAAD.Pro.

Um wrapper Python para dispositivos de aquisição de dados da National Instruments (NIDAQ) chama-se PyNIDAQ. Para efeitos de aquisição de dados para experiências em engenharia civil, permite estabelecer uma interface com estes dispositivos.

deap: Distributed Evolutionary Algorithms in Python, ou deap, fornece uma estrutura para a implementação de algoritmos evolutivos no contexto de problemas de otimização.

dash: Uma estrutura de aplicação Web interactiva escrita em Python chama-se Dash. A criação de painéis de controlo e interfaces em linha para apresentar e examinar dados relacionados com a engenharia civil pode ser uma aplicação vantajosa.

Certifique-se sempre de que a documentação e as licenças de cada biblioteca correspondem às suas necessidades e fazem sentido para o seu caso de utilização, verificando-as.

Exemplos de fragmentos de código e projectos em engenharia civil com python

Python é uma linguagem de programação flexível que tem aplicações em muitos domínios, um dos quais é a engenharia civil. As seguintes ideias de projectos e exemplos de fragmentos de código ilustram como o Python é utilizado na engenharia civil:

Analisar a estrutura:

Para efetuar cálculos matriciais para análise estrutural de vigas, estruturas e treliças, utilize a biblioteca numpy.

Aplicar a abordagem de elementos finitos à análise de estruturas complexas.

Criar um programa para determinar as forças internas, as respostas e as deflexões de vários elementos estruturais.

Engenharia geotécnica:

Escreva um guião para classificar o solo de acordo com qualquer norma, como o Sistema Unificado de Classificação de Solos (USCS).

Para calcular os parâmetros do solo, como a capacidade de suporte, o assentamento de consolidação e a resistência ao corte, utilize Python.

Para avaliar a estabilidade de um talude, aplicar técnicas de análise de estabilidade de taludes.

Tecnologia hidráulica:

Criar um programa que utilize as equações de Manning ou de Darcy-Weisbach para determinar o caudal, a velocidade e a perda de carga em tubos e canais.

Simular e modelar o comportamento do fluxo de água em canais abertos, tendo em conta vários regimes de fluxo (como turbulento ou laminar).

Utilizando previsões de precipitação e dados históricos, criar um sistema de previsão e alerta de cheias. Engenharia de transportes:

Para reduzir o tráfego e os atrasos nos cruzamentos, escreva um guião que optimize o tempo e as fases dos sinais de trânsito.

Utilizar algoritmos para otimizar percursos para redes de transporte ou descobrir o caminho mais rápido.

Analisar dados de tráfego utilizando Python para detetar estrangulamentos e padrões.

Análise Geoespacial:

Analisar e visualizar informações espaciais com dados SIG, utilizando bibliotecas como as geopandas.

Fornecer instrumentos para calcular volumes, áreas e distâncias utilizando dados geográficos. Criar mapas interactivos que mostrem diferentes aspectos da engenharia civil.

BIM, ou modelação da informação da construção:

Para uma análise ou automatização adicional, utilize Python para extrair dados de modelos BIM (tais como ficheiros Revit ou IFC). Crie um script para verificar colisões e confrontos em modelos BIM e para produzir relatórios sobre estes eventos.

Utilizar dados BIM para gerar automaticamente desenhos de arquitetura 2D e 3D.

Otimização em Engenharia Civil:

Utilizar técnicas de otimização (como o recozimento simulado e os algoritmos evolutivos) para determinar os parâmetros de projeto ideais para construções de engenharia civil.

O plano e a conceção do projeto de infra-estruturas devem ser optimizados tendo em conta o ambiente, os custos e o consumo de materiais.

Não se esqueça de que existem inúmeras opções; estes são apenas alguns exemplos. Várias bibliotecas Python podem ser combinadas com diferentes domínios da engenharia civil para criar soluções poderosas e eficazes. Além disso, quando trabalhar em projectos reais de engenharia civil, lembre-se de cumprir todas as normas, regulamentos e padrões de segurança necessários.

Recursos e referências em linha para continuar a aprender Python no Civil

Engenharia

Python é uma linguagem de programação de uso geral com aplicações em engenharia civil e noutros domínios. Existem inúmeras ferramentas e referências em linha para o ajudar a aprender Python para aplicações de engenharia civil, independentemente do seu nível de experiência em programação. Para o ajudar a começar, eis alguns recursos úteis:

Python.org (https://www.python.org/): Para se familiarizar com a sintaxe e as ideias fundamentais do Python, este sítio Web oficial fornece uma grande quantidade de documentação, tutoriais e diretrizes.

O curso de Python oferecido pela Codecademy (https://www.codecademy.com/learn/learn- python-3): Os fundamentos do Python são abordados num curso envolvente e fácil de utilizar para principiantes oferecido pela Codecademy.

A especialização em Python para todos os utilizadores do Coursera está disponível em https://www.coursera.org/specializations/python. Esta especialização consiste numa série de cursos concebidos para principiantes, com actividades práticas e exemplos de utilização de Python em situações do mundo real.

Python para ciência de dados: uma introdução da edX (https://www.edx.org/course/introduction-to-python-for-data-science): O foco principal deste curso é a análise e visualização de dados usando Python, que é crucial para muitas tarefas em engenharia civil.

O Real Python pode ser encontrado em https://realpython.com. Existem muitos documentos e tutoriais disponíveis em Real Python, alguns dos quais adaptados a utilizações em engenharia civil.

https://github.com/akansh/Python-and-Data-Science-for-Civil-and-Structural- Engineers é a ligação para o livro Python for Civil and Structural Engineers. Recursos e exemplos de código adaptados exclusivamente para engenharia civil e estrutural podem ser encontrados neste repositório do GitHub.

Em https://pythonforengineers.com/, Python para Engenheiros: Projectos, exemplos e lições centrados na engenharia estão disponíveis neste sítio Web.

(https://github.com/shahabhijeet/Automation-in-Civil-Engineering-Using-Python): Automation in Civil Engineering using Python Outro repositório do GitHub com ilustrações úteis da aplicação de Python em tarefas de engenharia civil.

A série do YouTube Python in Civil Engineering (https://www.youtube.com/playlist?list=PLuSfE8M5C7lmz_zyF5D2lfQhY7Gh_EoTX) centra-se na utilização de Python especificamente para trabalhos de engenharia civil.

LinkedIn Learning(https://www.linkedin.com/leaming/python-for-civil-engineers) oferece uma gama de cursos Python especificamente concebidos para profissionais que trabalham no domínio da engenharia civil.

GitHub para localizar projectos de fonte aberta e código de amostra.

GitHub (https://github.com/): Procurar repositórios Python ligados à engenharia civil

em
Não se esqueça que conhecer Python é apenas o início. Vai querer aprofundar as bibliotecas especializadas e as estruturas pertinentes à sua área, tais como NumPy, Pandas, Matplotlib, e outras, de modo a aplicá-las eficazmente na engenharia civil. Com a ajuda destes materiais, poderá começar a aplicar Python em tarefas de engenharia civil com uma base sólida.
Boa aprendizagem!

I want morebooks!

Buy your books fast and straightforward online - at one of world's fastest growing online book stores! Environmentally sound due to Print-on-Demand technologies.

Buy your books online at
www.morebooks.shop

Compre os seus livros mais rápido e diretamente na internet, em uma das livrarias on-line com o maior crescimento no mundo! Produção que protege o meio ambiente através das tecnologias de impressão sob demanda.

Compre os seus livros on-line em
www.morebooks.shop

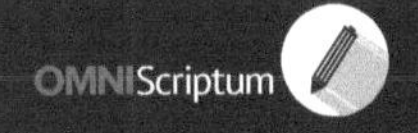

Printed by Books on Demand GmbH, Norderstedt / Germany